Como usar
outras linguagens
na sala de aula

COLEÇÃO
COMO USAR NA SALA DE AULA

COLEÇÃO
como usar
na sala de aula

como usar ARTES VISUAIS **na sala de aula**
Katia Helena Pereira

como usar AS HISTÓRIAS EM QUADRINHOS **na sala de aula**
Angela Rama e Waldomiro Vergueiro (orgs.)

como usar A INTERNET **na sala de aula**
Juvenal Zanchetta Jr.

como usar A LITERATURA INFANTIL **na sala de aula**
Maria Alice Faria

como usar A MÚSICA **na sala de aula**
Martins Ferreira

como usar A TELEVISÃO **na sala de aula**
Marcos Napolitano

como usar O CINEMA **na sala de aula**
Marcos Napolitano

como usar O JORNAL **na sala de aula**
Maria Alice Faria

como usar O RÁDIO **na sala de aula**
Marciel Consani

como usar O TEATRO **na sala de aula**
Vic Vieira Granero

Como usar
outras linguagens na sala de aula

Beatriz Marcondes
Gilda Menezes
Thaís Toshimitsu

Copyright © 2000 das autoras
Todos os direitos desta edição reservados à
Editora Contexto (Editora Pinsky Ltda.)

Revisão
Sandra Regina de Souza/Texto & Arte Serviços Editoriais

Projeto e montagem de capa
Antonio Kehl

Diagramação
Global Tec Produções Gráficas/Texto & Arte Serviços Editoriais

Dados Internacionais de Catalogação na Publicação (CIP)
(Câmara Brasileira do Livro, SP, Brasil)

Menezes, Gilda
 Como usar outras linguagens na sala de aula / Gilda Menezes, Thaís Toshimitsu, Beatriz Marcondes. 7. ed., 2ª reimpressão. – São Paulo : Contexto, 2015.

 Bibliografia.
 ISBN 978-85-7244-142-1

 1. Leitura. 2. Português – Estudo e ensino. 3. Textos. I. Toshimitsu, Thaís. II. Marcondes, Beatriz. III. Título.

00-1815   CDD-418.4

Índices para catálogo sistemático:
1. Leitura: Textos de circulação social: Linguística 418.4
2. Textos de circulação social: Leitura: Linguística 418.4

EDITORA CONTEXTO
Diretor editorial: *Jaime Pinsky*
Rua Dr. José Elias, 520 – Alto da Lapa
05083-030 – São Paulo – SP
PABX: (11) 3832 5838
contexto@editoracontexto.com.br
www.editoracontexto.com.br

2015

Proibida a reprodução total ou parcial.
Os infratores serão processados na forma da lei.

"Sem ler, sem ouvir rádio AM e sem assistir aos telejornais, os jovens do Brasil, de 12 a 20 anos, continuam sua queda rumo à desinformação total, segundo dados exclusivos obtidos com o Grupo Tver".

Júlio Gama

"O jovem de 12 a 20 anos está cada vez mais desinformado porque, progressivamente, lê menos, escuta menos rádio e assiste mais à televisão, porém, dá preferência, nessa ordem, a filmes, programas de esporte, novelas e, só então, a telejornais. Esse é o principal resultado da pesquisa inédita "O jovem e a mídia", em que foram ouvidos 2.098 jovens das classes A, B, C e D de sete capitais: São Paulo, Rio de Janeiro, Porto Alegre, Belo Horizonte, Salvador, Recife e Brasília.
(…)
Sobre o hábito de leitura, 36% disseram que nunca leem livros; 12% que quase nunca; 36% que às vezes; e apenas 16% o fazem com frequência. Sobre a leitura de jornais, 25% disseram nunca ler; 15% quase nunca; 45% às vezes e 15% sempre (…)"

O Estado de S. Paulo, 23 de outubro de 1999. Caderno 2

SUMÁRIO

Apresentação... 9
O trabalho com textos de circulação social...................... 13
Propostas de trabalho.. 35
Avaliação do aluno.. 125
Textos de apoio.. 131
Bibliografia comentada... 149

APRESENTAÇÃO

A ausência de trabalhos, em sala de aula, com textos que circulam socialmente, como jornal, letras de música, anúncios ou *outdoors*, surge como sintoma de recusar a experiência do aluno como cidadão fora do espaço acadêmico. Constata-se que cada vez mais os jovens têm grandes dificuldades com a leitura, no entanto, isso é medido apenas por seu contato com os textos que circulam na escola. Nossa proposta é trazer para o espaço escolar um pouco da vivência cotidiana desse estudante com sua cidade, sua casa, a banca de jornal etc., fazendo-o refletir sobre ela, a fim de diminuir a distância entre o que se faz no espaço escolar e o que se exige socialmente.

Diante desse quadro, um não se interessa pelo que o outro *lê*, pelo que o outro *escreve*. Alunos não querem saber dos textos literários trabalhados nos livros didáticos, as escolas não se voltam para os textos que estão nas ruas. Dessa maneira, cada vez mais a escola se distancia dos alunos e não usa a leitura que eles fazem ou a necessidade social que eles têm de produção de textos para se aproximar deles. O que se propõe não é o abandono da Literatura ou do estudo dos textos clássicos, mas apenas a construção de uma ponte entre aluno e professor, dando ao estudante instrumentos para a realização da leitura como necessidade e prazer da vida. Este estudo caracteriza-se, portanto, como um trabalho paralelo a Língua e Literatura, que não pretende competir ou igualar-se a eles, mas complementá-los.

Ler é uma atividade que exige basicamente as habilidades de fazer perguntas a um texto, de buscar respostas e saber onde encontrá-las. Assim, ler é dialogar com o texto, no sentido mais amplo possível, é também elaborar questões procedentes sobre a informação que se recebe. Entendemos aqui que qualquer texto tem informações, não é necessário que seja informativo, como o jornal. Um poema tem informação, tem o ponto de vista do poeta. De igual modo, vendo sob esse prisma, a bula também tem informação.

No entanto devemos nos perguntar se esses textos devem ser lidos de uma mesma maneira. Como ler uma reportagem sobre o aumento do número de cirurgias para cura da miopia no Brasil?

As informações contidas numa reportagem de tal âmbito devem ser questionadas: por que cresce tanto o número dessas cirurgias no Brasil? Esse crescimento aconteceu em outros países? O brasileiro é um povo mais míope? Se for mais míope, qual seria a razão disso? Porventura, estaríamos servindo de campo de pesquisa dos efeitos a longo prazo dessa cirurgia? Fazer essas perguntas pode parecer excesso de senso crítico, no entanto, esse mesmo roteiro de perguntas, com relação a antibióticos, pode revelar que o Brasil, de certa forma, serve de campo de pesquisa para alguns medicamentos, sobretudo por não ter ainda legislação que consiga controlar a entrada de remédios não testados em grande população de pacientes.

Ler é estar psicologicamente disposto a fazer perguntas, buscar respostas e, preferencialmente, saber onde encontrá-las. Muitas vezes, as respostas não são explícitas. Ou, ainda, não podem ser encontradas na área do conhecimento de que faz parte a pergunta. Mas a própria existência da dúvida revela nova possibilidade de interpretação e, portanto, desconfiança do texto lido, o que já é saudável para abrir possibilidades de leitura. Além disso, uma pergunta feita pelo leitor fará parte de uma incansável busca pela resposta. Mesmo que não se chegue a ela de imediato, a existência da dúvida é caminho aberto para a busca de respostas.

O ensino pode se basear no interesse e na necessidade do aluno. Instigar a dúvida, o questionamento, a partir de experiências sociais dos alunos, é desenvolver a habilidade de leitura, tendo como ponto de partida necessidades de determinada faixa etária. Assim, desperta-se o hábito de leitura sem impor um texto que ainda não seja lido por aquela faixa etária. O prazer de ler e de fazer perguntas ao texto nasce no aluno que poderá aplicar esse procedimento de leitura em outros textos. Dessa maneira, pretendemos desenvolver a leitura em dois pontos paralelos: um que atenda ao interesse da escola, que é desenvolver intelectualmente o aluno; e outro ao interesse dos alunos, que é ler o que circula socialmente e produzir textos de âmbito social. Não pretendemos, no entanto, esgotar os procedimentos de leitura de cada um dos suportes tratados na obra. Ao contrário, este livro apenas abre portas e possibilidades de trabalho para que o professor diversifique o tratamento dado ao texto. Para tanto, foram feitas escolhas de abordagens para cada um dos suportes.

Com isso queremos esclarecer que alguns aspectos não foram propositadamente abordados. Por exemplo, o aspecto social da televisão não nos pareceu relevante para introduzir o aluno na leitura desse meio. Sem dúvida, é um aspecto importante, e se o professor achar conveniente e os alunos se interessarem, nada impede que o professor o aborde. Também optamos por desconsiderar a classificação dos anúncios em institucionais, comerciais, seja na televisão, seja no *outdoor*. Estabelecemos como prioridade reconhecer o receptor e as técnicas de manipulação. Tais opções se devem porque todos nós lemos, queiramos ou não, indicações de placas de ônibus, rótulos de embalagens de produtos, receituário médico, anúncios, revistas de interesse e até mesmo jornais. Dizemos "até mesmo jornais" porque sabemos que ouvimos o telejornal pela televisão, o que consiste também numa leitura. Lemos também as manchetes dos jornais que estão sobre a mesa de nossa casa, nas bancas de jornal. Portanto, algum contato temos com esse material informativo. Negligenciar a leitura, por exemplo, de um jornal ou telejornal seria negar uma das atividades sociais mais frequentes. Em virtude disso, propomos trabalhar com esse material de circulação social. Aliás, pela designação dada ao material (circulação social) pressupõe-se que todos devamos saber lidar com ele.

Incorporando um trabalho com esses textos, o professor estará colaborando para que acabe a artificialidade do ensino de língua nas escolas, pois não é raro observar que a interlocação permaneça entre aluno e professor, como se o universo do jovem fosse bem restrito. Ler o que circula socialmente é, portanto, atuar na sociedade, participando e não se limitando a pequenos universos. Pretendemos transformar parte do ensino da Língua Portuguesa em um efetivo procedimento de comunicação, um real processo de comunicação entre os interlocutores. Por isso, propomos que sejam levados para a sala de aula os mais variados textos a fim de que a aula de português seja também uma aula de leitura.

Cabe lembrar que é mais frequente que as leituras sejam feitas em outras disciplinas e pouco na de língua. Por exemplo, quando uma escola se propõe a trabalhar com rótulos, costuma atribuir exclusivamente essa leitura a professores de Ciências. Ora, ao fazer essa opção, a escola nega o caráter textual do rótulo, reconhecendo nele apenas as informações, como se a habilidade de leitura se limitasse a retirar informações, ignorando, assim, a intencionalidade dos textos, a capacidade argumentativa, a capacidade persuasiva. Assim, a interdisciplinaridade não exclui o papel do professor de Língua Portuguesa.

Cabe ainda esclarecer que não foram acrescentados aqui anúncios, textos de jornal ou de revistas, como modelos de análise, porque o objetivo é trabalhar com os que estejam circulando na região, circulando nas mãos dos alunos, na época em que eles serão estudados. A atualidade é fundamental. Se não precisassem ser atuais, os textos com que se trabalha nas escolas ou nos livros didáticos já seriam suficientes para garantir a leitura social.

Tal proposta não exclui que o professor comece a ler os textos dos alunos, como os gibis de maior vendagem nas bancas de jornal das imediações da escola. Esse local pode ser uma referência para o adulto que não lê o que o jovem lê. Tal procedimento pode também ser um ponto de partida para a aproximação de professores e alunos. Na banca de revistas, os dois podem verificar o que andam lendo, consumindo e aprendendo.

O TRABALHO COM TEXTOS DE CIRCULAÇÃO SOCIAL

Todo trabalho com textos de circulação social deve estar voltado para a plena leitura e compreensão deles. É preciso refletir sobre as possibilidades de interpretação, o que pressupõe sempre um passo muito além da estrutura sintática, dos termos empregados. Reconhecimento de interlocutores, percepção de valores embutidos nas mensagens, associação entre texto e imagem, presença ou ausência de informações, recursos sonoros, bem como uma infinidade de técnicas de edição, tanto as empregadas na imprensa como na televisão, precisam ser do repertório do aluno. Além disso, ler textos que circulam socialmente é também agir como cidadão, ou seja, é responder a perguntas que devem ser feitas pelos leitores, buscar respostas para elas, ou seja, interagir socialmente, pois a leitura não para na esfera da compreensão, vai muito além, uma vez que tem consequências sociais imediatas. Nesse sentido, vale dizer que ler o que circula socialmente é também agir socialmente.

Lamentavelmente, a escola costuma limitar-se à leitura de texto, prendendo-se à compreensão, à interpretação e à produção de redações. A interação com o interlocutor e a participação ficam ao abandono. No espaço fundamentalmente reservado para a formação de cidadãos, aprende-se a ler produzindo textos, deixando de discutir os efeitos sociais dos textos que estão na mídia. É comum que se ensine a "ler" anúncios trabalhando-se, por exemplo, com termos empregados na elaboração de chamadas, tal como se faz na preparação do profissional de publicidade, pedindo que alunos produzam seus anúncios. O mesmo se verifica com jornais e revistas. Tal procedimento exclui uma fase importante da aprendizagem, que é compreender em que medida os alunos estão suscetíveis às influências dos textos que circulam socialmente. A propósito, quanto mais complexos são esses textos, como é o caso de anúncios publicitários, ainda mais os veiculados pela tevê porque contam com a imagem, menos se deve pensar na produção. Perceber o quanto se está suscetível a ele é a primeira de todas as tarefas. Muito antes de produzir os textos de circulação, os alunos devem estar habituados a identificar neles as marcas de manipulação, de imposição de ideologias.

No entanto, não se deseja descartar totalmente a produção de textos com que a escola costuma trabalhar. Ela pode ser uma tarefa lúdica, mas não pode ser a finalidade do aprendizado, tampouco pode a gramática ser um fim nos estudos de leitura. Nesse sentido, propomos aqui um meio de se chegar à leitura de textos que circulam socialmente. O mote do trabalho é como ler esses textos, não como produzi-los nem como escrevê-los.

Por tratar-se sempre de sofisticadas produções que envolvem dificuldades de compreensão no enunciado e na enunciação, encaminhamos o trabalho inicialmente à percepção da intenção e finalidade do texto, partindo da relação entre os interlocutores.

Os gêneros tratados no sexto ano abrem caminho para a compreensão dos gêneros de textos de circulação social. As tarefas estarão introduzindo as percepções de intenção, de finalidade que serão ampliadas gradativamente nos anos seguintes.

É importante que o professor siga a ordem de abordagem apresentada nesta obra, pois contamos sempre com o acúmulo de habilidades desenvolvidas.

Para facilitar a tarefa do professor, organizamos o material, dividindo-o em blocos que devem servir de parâmetro para as aulas. Se uma aula corresponderá a um bloco ou não, isso dependerá do rendimento da classe, do número de alunos e da complexidade do assunto. A divisão apenas foi feita para orientar os subtemas abordados. Assim, entenda por bloco uma unidade de assunto dentro da leitura proposta.

Além disso, se a carga horária do professor não coincidir com as possibilidades apresentadas, pois o estudo pode estar sendo muito alongado para o tempo de que ele dispõe, é possível adaptar o material, considerando-o como ponto de partida, como sugestão.

De qualquer forma, o importante é que esse material seja recebido como um demonstrativo de material pedagógico. Esperamos que o professor não o receba tão passivamente.

DOS CRITÉRIOS

Para atender ao objetivo social das leituras, sugere-se que as avaliações sejam, na medida do possível, de instâncias públicas. Elas colocam o aluno diante de uma real situação e não diante da simulação, como tradicionalmente se faz. São avaliações em que o aluno é convidado a produzir um texto que tenha circulação social, como uma carta dirigida à produção de um programa de tevê e, por essa razão, o aluno atua como cidadão, pratica a verdadeira interlocução sob a mediação do professor. Assim, essas avaliações colocarão o aluno diretamente ligado ao caráter social dos textos, bem como oferecerá a ele a possibilidade de desenvolver-se criticamente. Tal procedimento é recomendado em todas os anos.

É possível que o aluno, ao produzir sua carta, seu e-mail, possa em grupo refletir sobre a forma como o texto poderá ser aceito, interpretado ou julgado pelo interlocutor. É importante que o exercício de interlocução comece em sala de aula, entre colegas. Essa reflexão sobre a aceitação ou rejeição de um texto possibilita ao aluno refletir também sobre as possíveis formas de leitura do interlocutor. Talvez os alunos possam até inferir os jogos de poder que se exercem sobre um texto. Não podemos deixar de reconhecer que somos julgados pelo que falamos e também pelo modo como falamos.

Gostaríamos também de alertar para o fato de que, antes de fazer uma correção gramatical ou sintática, é importante garantir que o aluno produza textos que circulem também socialmente. Se quiser dar notas aos alunos, veja, no final do livro, a parte que apresenta um modelo de avaliação. Ali, o professor encontrará uma breve discussão das dificuldades reais de se dar notas sem criar conflitos com os alunos, e sugestões para minimizá-los.

Leituras sugeridas no sexto ano

Material	Avaliação sugerida
jornal	de instância não pública e pública
anúncio	de instância não pública e pública
novela	de instância pública
gibi	de instância não pública

Leituras sugeridas no sétimo ano

Material	Avaliação sugerida
revista	de instância não pública e pública
rótulo	de instância não pública e pública
anúncios nos intervalos das novelas	de instância não pública
programas humorísticos: introdução	de instância não pública

Leituras sugeridas no oitavo ano

Material	Avaliação sugerida
programas humorísticos	de instância pública
outdoor	de instância pública
anúncios de produtos que se anunciam em oposição aos que não se anunciam	de instância pública

Leituras sugeridas no nono ano

Material	Avaliação sugerida
jornais	de instância pública
telejornais	de instância pública
mídia em geral: abordando a invasão da privacidade	de instância pública e não pública
mídia em geral: abordando a exploração sexual na mídia em geral	de instância não pública

Com que suportes trabalhar?
Televisão, jornal, revistas, gibis, *outdoor* e rótulos.

Com que gêneros trabalhar?
- Na televisão: anúncios, novelas, programas humorísticos.
- No jornal: notícia, tira.
- Nas revistas: artigos opinativos, instruções para vencer etapas de jogos e anúncios.
- No gibis: histórias em quadrinho.
- No *outdoor*: anúncio.
- No rótulo: etiquetas.

Que enfoques são dados?
- Poder de manipulação e persuasão.
- Poder de influência e de construção de um modelo.
- Poluição visual, desrespeito à cidadania.
- Exploração sexual.
- Invasão da privacidade.

JORNAL

Durante muito tempo, esse meio de comunicação foi importante veículo de informação. No entanto, esse papel se transformou. Com a televisão popularizada, e o hábito de ligá-la diariamente, o jornal impresso perdeu seu fundamental valor informativo, ganhando um novo papel: o de discutir a notícia que já circulou pelos telejornais. Além do mais, como a televisão popularizou a notícia, os telespectadores se incumbiram eles mesmos da divulgação (ou da confirmação da divulgação) da notícia. É preciso também considerar que a televisão habituou o público à rapidez com que as informações circulam. Não se espera mais o dia seguinte para obter informações.

Veja um exemplo:

> O papel que tinha o *Jornal da Tarde*, veicular informações do dia no período da tarde, foi posto de lado e o jornal é entregue no período da manhã como todos os outros. Portanto, o caráter informativo do jornal impresso ficou um pouco relegado a segundo plano.

Hoje, a notícia chega rapidamente ao receptor por vários meios, incluindo os rádios nos carros. Por causa disso, o jornal inquieta-se muito com a notícia que deve divulgar e busca aquela que não tenha sido veiculada na tevê ou nas rádios e, às vezes, excede os limites do exercício da profissão de jornalista, na medida em que transforma notícia em mercadoria. Com isso a notícia apela para a emoção, para o sensacionalismo, bem como para uma estética de mercado, ganhando aspectos que não são apenas informativos. Ora a notícia deve provocar preocupação, ora deve aliviar a tensão de quem a recebe. Na televisão a notícia final dos telejornais é atenuadora de tensão.

Um caso conhecido e interessante:

Há alguns anos, a *Folha de S.Paulo* noticiou um caso de abuso sexual que supostamente ocorria em uma escola, a partir de uma denúncia feita por pais de alunos em uma delegacia. O jornal, repercutindo as declarações do delegado encarregado do caso, que afirmava ter havido crime sexual e atribuía a proprietários, funcionários da escola e também aos pais de um aluno a responsabilidade criminal, difundiu entre a opinião pública aquilo que era a opinião do delgado, transformando suspeitos em condenados. A escola sofreu todo tipo de retaliação e repercussão negativa que culminou com o seu fechamento. As investigações, entretanto, constataram e comprovaram que nada mais havia além de suspeitas, nenhum crime havia sido cometido. O caso ficou conhecido como Escola Base.

Fatos como esse não são raros, verificando-se sobretudo maior incidência em indivíduos do que em empresas, as quais, para protegerem-se, mantêm relação amistosa com os meios de comunicação. Aqueles que não têm acesso aos meios, mantendo com eles apenas contato de consumidores das informações, podem ser vítimas – e são – de fatos noticiados antes mesmo de comprovados.

Esse aspecto da notícia deve também ser ponto de análise dos jornais, sobretudo em anos avançadas, quando o aluno pode compreender com facilidade como os textos levam a crer em eventos cuja existência não passa de suspeitas.

De modo geral, as transformações sofridas pelo jornal não lhe furtaram totalmente o caráter informativo, mas afetaram a maneira como os fatos são apresentados. As chamadas de primeira página costumam colocar em pauta os fatos já divulgados pela mídia televisiva. Além disso, para manter esse caráter noticioso, os jornais impressos acrescentaram notícias regionais, abrindo novo espaço para noticiar. Os temas sobre cultura, arte, cinema, exposições também ganharam cadernos especializados.

Essas alterações do jornal deixaram a estrutura da notícia (quem, o quê, como, onde, quando, por quê) em segundo plano, pois, mais importante que o fato noticiado, costuma ser a opinião sobre ele e sua análise. Trabalhar com os textos opinativos do jornal, com a análise, bem como com as ideologias embutidas nas palavras do analista ou do editor parece ser o melhor caminho para a escola, já que põe em evidência o que há de importante nesse meio de comunicação.

Uma curiosa observação sobre a leitura de jornais:

> Com relação ao jornal o que conta, atualmente, são os fatos que não foram veiculados. Saber o que não apareceu nos jornais, ou telejornais, bem como entender os objetivos dessa omissão podem ser caminhos de compreensão dos informativos.
> Soma-se a isso outro aspecto: o espaço dedicado a uma notícia e à sua análise no jornal. Seja quanto à localização, seja quanto ao número de palavras dedicadas ao assunto, ler um jornal é também perceber se não houve tentativa de esconder uma verdade. Estar atento para essas transformações, elaborar perguntas sobre isso, é abordar com criticidade os meios de comunicação.

TELEVISÃO

Muita gente acha que a tevê faz mal, é perniciosa e pouco educativa. Outros dão pouca atenção a essa crítica. Mas, com ou sem a crítica, é fato que a televisão faz parte dos objetos que compõem a grande maioria dos lares. Portanto, não podemos negar que estamos sujeitos à sua influência. Ignorar sua existência, desejando que se desligue o aparelho e se faça uma tarefa escolar em vez de ficar no deleite que a programação oferece, pode ser uma luta em vão. Por essa razão, estudá-la nas escolas é tão importante. Afinal, é possível ler a tevê de maneira saudável, até mesmo para perceber sozinho o quanto ela é ou não perniciosa.

No entanto, analisar a televisão em sala de aula é tarefa bem complexa, que exige muita observação do professor. São inúmeros os aspectos a serem considerados sobre esse meio de comunicação.

O aspecto monológico da tevê

Com a programação da tevê não se estabelece um diálogo. As mensagens provenientes da programação ou dos anúncios são recebidas sem que se possa dialogar, interferir, discutir... Enfim, conversar.

É muito pequeno o número de telespectadores que se dão ao trabalho de escrever à produção de um programa para dar opinião sobre ele, ainda mais se for para expor críticas negativas, maneira de pensar contrária à do programa. Também poucos são os que se mobilizam com a finalidade de estabelecer diálogo com a tevê.

Não se pode dizer que a culpa desse comportamento seja exclusivamente do telespectador, pois a própria forma como a televisão é concebida bloqueia o estímulo ao diálogo.

Leia mais sobre esse aspecto monológico da televisão e compare com o cinema. Embora a televisão se pareça com o cinema, ela tem algumas características que a diferenciam muito da sétima arte. Quando vamos ao cinema, não apenas nos concentramos para apreciar o filme a que estamos assistindo, mas também, na volta para casa, temos algum tempo para elaborar o que vimos. Essa pausa entre a sessão de cinema e a casa nos dá a oportunidade de manifestarmos nossa opinião sobre o filme, de interpretarmos o que vimos.

Em casa, a realidade é bem diferente. Além de não termos a pausa para a reflexão sobre o que vimos, pois não é raro que o aparelho de tevê seja desligado à noite, antes de dormir (ou ainda, quando o desligamos é para assumirmos uma outra atividade que não pode ser feita concomitantemente com a tevê) estamos por muitas horas consecutivas sujeitos à programação, a anúncios, bem como a sua influência, sem que possamos encontrar um momento para a crítica.

Assim, a tevê, pela forma como é usada e pela forma como é feita, com programação que dura até 24 horas por dia, não oferece chances para a interpretação. Acatamos, aceitamos, e raramente fazemos perguntas sobre algum verdadeiro significado do que nos tenha sido passado.

A fragmentação e a redundância na tevê

Outra característica importante é a fragmentação na programação da tevê. A razão é simples: não é possível aguentar um mesmo programa durante muitas horas consecutivas. Se não houvesse um espaço de tempo para irmos ao banheiro, à cozinha, iríamos mesmo que não quiséssemos. Lembremos que estamos em nossa casa: a panela está no fogo, o telefone toca, o jantar precisa ser terminado, todos precisamos comer.

Mas, exatamente porque tudo é tão interrompido, a própria tevê cria a redundância, a repetição com a finalidade de localizar o telespectador. Uma novela costuma passar as cenas dos próximos capítulos no final e, no dia seguinte, retomar as cenas finais do capítulo anterior. Se não fizesse isso, teríamos que puxar pela memória para lembrarmos o que tinha acontecido na véspera.

Os anúncios também se repetem. São passados inúmeras vezes em um mesmo dia, em um período de dias, como uma sequência que precisa ser memorizada.

A crença que se estabelece nos meios de comunicação

Outro aspecto importante é a relação de confiança que se estabelece com o suporte empregado na comunicação. Acreditamos no que ouvimos e vemos porque acreditamos no suporte. No passado, essa relação de crença podia ser observada apenas com o rádio. Confiança era a palavra de ordem. Tudo o que se ouvia era a mais pura verdade. Bastava, portanto, que o texto fosse lido com cuidado na entonação para que todos os ouvintes acreditassem no que ouviam. Se fosse mentira, risos ao fundo não podiam ocorrer. Hoje, além do rádio e do jornal, a televisão também mantém essa relação de confiança. Tudo que ela noticia é lido como verdade. O peso de crença na tevê é enriquecido pelo fato de ela também trabalhar com a imagem.

Veja como a mente está disponível para acreditar no que os olhos veem:

A televisão tem efeito hipnótico. Entende-se por esse efeito um torpor, uma indiferença, uma inércia, que toma conta do telespectador. A razão desse efeito se deve à forma como o homem percebe o mundo pela visão.
É por meio da visão que percebemos o mundo que nos cerca e acreditamos em tudo que vemos. E reagimos em função disso. Mas nem sempre vemos a realidade. Vemos o que queremos ver, o que desejamos que seja visto por nós. Os olhos, nesse sentido, traem a informação. Tal fenômeno se deve ao fato de a visão não estabelecer contato direto com toda a capacidade cerebral de elaborar crítica. Em outras palavras, podemos dizer que percebemos o mundo pelo sentido, não pelo intelecto, não pela criação, pelo imaginário.
É fato que, quando lemos um livro, uma notícia no jornal, estamos também vendo, mas estamos em contato com um mundo apresentado pela linguagem escrita, de forma linear.

Não é um mundo tridimensional, não é um mundo real, nem a representação dele. Mas a representação dele por meio de signos linguísticos. Na leitura de um texto escrito, a compreensão passa por um processo criativo, imaginário, crítico e necessariamente elaborado. Dessa forma, a linguagem escrita não causa o torpor que a tevê causa, pois a leitura passa por um crivo crítico, mesmo que de forma atenuada.

Por outro lado, a televisão é absorvida por uma parte do cérebro que não tem elo direto com o imaginário. Para que esse elo ocorra, é preciso ativá-lo. Se o descuido toma conta do telespectador – e isso acontece facilmente –, ele deixa de ser imaginativo e submete-se ao efeito do que vê. Por exemplo, não é raro que, mesmo tendo lido sobre a produção de um filme de terror, de suspense, mesmo tendo conhecido as técnicas empregadas na sua produção, ao assistirmos a esse filme, estaremos mais suscetíveis aos efeitos especiais, e nossos olhos nos farão acreditar no que vemos. Assim, diante das cenas mais emocionantes, teremos medo, apreensão, e às vezes até evitaremos olhar para elas como se fossem reais. De fato, a visão enxerga aquilo que a realidade sugere ser verdade. Por causa disso, já houve juristas que tentaram contestar a existência de testemunhas de um fato, alegando que vemos o que acreditamos ver, não necessariamente o que a realidade apresenta. Em síntese, acreditamos facilmente em tudo o que vemos. Cerca de dois terços das informações que temos retidas no cérebro vêm pela visão. Por isso, negligenciar essa porta de entrada não parece ser muito prudente.

Acreditar na tevê, acreditar no rádio: leia aqui dois casos históricos:

Em 1969, quando o homem foi à Lua, pessoas menos habituadas à televisão, com o pensamento muito crítico (no caso, excessivamente crítico) negaram-se a acreditar na proeza humana,

alegando que tudo não passava de montagem. Eram pessoas distantes da influência da tevê. Mas, dessa época para cá, a relação social com a televisão se alterou bastante e passou a ser como o rádio dos anos 40, 50.
Outro caso:
Em 1938, Orson Welles leu, como se fosse uma notícia, trechos do romance *A guerra dos mundos*, de H. G. Wells, sobre a invasão de marcianos a Nova Iorque, o que provocou pânico nos Estados Unidos. Orson Welles contou com um fator importante: a crença de que o rádio noticiava a verdade. Se não houvesse essa relação de confiança, não teria havido pânico.

A adaptação tevê-sociedade

A televisão, desde que surgiu no Brasil, em 1959, adaptou-se a algumas transformações sociais. Há trinta anos, a tevê tinha um papel informativo apenas no que chamamos hoje horário nobre, ficando restrita ao lazer nos outros horários, aliás insignificantes se considerarmos que hoje a televisão tem canais em exibição a noite toda. Durante esses anos, ela entrou em quase todos os lares. Ampliou, assim, a penetração. Depois, ampliou seu horário de atuação e, há cerca de 15 anos, introduziu programas dirigidos a determinadas faixas etárias, incluindo as crianças. Os desenhos animados norte-americanos, que eram passados para as crianças que hoje têm cerca de cinquenta anos, são atrelados à programação de entretenimento infantil, contando com animadores, aliás profissão bem recente.

A urbanização também afetou a televisão. O crescimento das cidades fez surgir a violência que inibe os pais a deixarem seus filhos brincando nas ruas. Além disso, a transformação da família também afetou a forma como a tevê passou a ser encarada socialmente. Soma-se a isso o fato de a mulher ter saído para o trabalho, sobrecarregando-se de atividades fora e dentro do lar. Portanto, deixar o filho ver tevê passou a ser útil, seguro e prático.

Por causa da tevê, a criança não fica na rua, não atrapalha as tarefas da mãe, que frequentemente não tem mais com quem dividir suas atividades domésticas, uma vez que o atual núcleo familiar costuma excluir a avó, os tios, os agregados que eram tão comuns e que dividiam com os pais os encargos da educação da criança e, mais recentemente, a empregada doméstica, que assumia as tarefas do lar, também foi total ou parcialmente excluída. Assim, a tevê ganhou status de *solução*, não de problema, mesmo que muitas críticas tenham sido tecidas a ela desde que surgiu.

Não demorou muito para que se percebesse nesse meio de comunicação uma enorme fonte de renda, um caminho aberto para as vendas, um caminho aberto para influenciar o telespectador.

Telespectador *versus* audiência

Quando os programas medem a audiência, verificando quantas pessoas estão ligadas a ele, o telespectador passa a ser visto como valor de mercado, medido em dinheiro, medido pela capacidade de venda do programa; portanto, medido pelo interesse do anunciante, sem que se levem em conta ou, pelo menos, sem que se considerem os valores éticos que deveriam ser veiculados na mídia. Nesse sentido, vale dizer que somos a nossa capacidade de compra e não os nossos valores.

Tal visão impede – ou dificulta – que interesses sociais possam coincidir com os da produção de um programa. O resultado disso é a sensível ausência da opinião pública nas decisões éticas das redes de televisão.

Autoridade e liberdade em risco

Surgiu também a publicidade. Muito bem elaborada, facilmente faz-nos crer naquilo que lhes interessam que acreditemos. Associamos mulher bonita a carros de luxo, acreditamos que teremos promoção social consumindo determinados produtos, incentivamos um atiçado desejo de compra nas crianças, reconhecendo nelas uma bela fatia do mercado consumidor. (E fazemos isso com o canal cerebral mais suscetível à influência.) Nesse sentido, ler cuidadosamente os anúncios é o caminho para a crítica saudável.

Apareceram também as novelas produzidas por quase todos os canais, os seriados, os filmes feitos para tevê. Lembrando que a recepção desses estímulos é pouco crítica, fica fácil imaginar o poder de influência desses filmes, dessas novelas na criação de nossos valores. Graças à penetração da televisão, a sociedade dividiu-se em seus valores.

Hoje é possível sustentar qualquer tese ligada a valores morais e éticos, pois contamos com o apoio de um meio de comunicação social. Até a autoridade de um professor em sala de aula pode ser contestada pelos valores veiculados na mídia televisiva. Podemos defender a tese de que a tevê induz a violência, ou não. Não importa o ponto de vista, qualquer um encontra meios de defesa na telinha. Foi a televisão que abriu essa oportunidade de diversificar os valores. Se antes a sociedade se baseava em crenças que dificilmente eram mutáveis, hoje ela dispõe de uma enorme gama de possibilidades. Sustentamos por meio dos valores veiculados na telinha o que queremos; ao mesmo tempo, lutamos contra o poder de penetração da mídia televisiva, buscando garantir a nossa liberdade.

Se por um lado há liberdade de escolha, por outro, essa liberdade perde bastante de sua validade, uma vez que a tevê apresenta os valores como crença. Nesse sentido, a liberdade pode estar sendo traduzida numa prisão. Como faz uma família que deseja educar seus descendentes sob determinadas regras que não sejam as veiculadas pela televisão? Haverá, nessa família, uma luta entre os valores que deseja passar e os que seus filhos sustentam pelos valores veiculados na tevê. Assim, o que é garantido pela Constituição nem sempre é confirmado pela televisão.

Por isso, alertar os alunos sobre esses aspectos talvez passe a ser também um exercício democrático, pois colocará em evidência o quanto somos presos pelo poder de influência e penetração. Por essa razão, propomos inclusive a análise de anúncios associados com o público de novelas, um programa que não apenas atrai, mas mantém a assiduidade do telespectador em um mesmo horário. Ressaltamos um fator importante: a assiduidade é outro ponto gerador de influência. Regularidade tem, por si só, poder de influenciar. Daí o poder das novelas, bem como dos anúncios que também se repetem estrategicamente.

No entanto, da mesma forma que é importante analisar por que uma notícia não apareceu no jornal, compreender o anúncio que não existe na tevê, o programa que não é produzido, é tarefa do professor que deseja ampliar a leitura dos alunos. Afinal, ler o que circula socialmente é também perguntar-se sobre as razões do que não circula.

Riso e humor na tevê: Por que rimos? De que rimos?

Dos programas cujo objetivo é o entretenimento, os humorísticos merecem especial atenção. Por eles, os modelos de moral, de ética e de respeito são passados. A grande maioria dos programas exibidos pauta-se no clássico chavão de expor ao ridículo uma imagem estereotipada. Comportamento sexual, orientações sexuais, preconceito regional, linguístico, étnico, associação do sexo feminino à burrice, associação de classes menos favorecidas ou de categorias profissionais à ignorância, relação entre a velhice e a impotência total, seja sexual seja de discernimento, são pontos de partida para a criação de supostos tipos sociais e, a partir deles, a criação do que chamam de humor. Esses são os clichês explorados ao máximo, reafirmando preconceitos, ou de todos os preconceitos. O humor fica quase que totalmente limitado a bordões. Isso quando ele não explora até mesmo a vida privada de uma pessoa pública. Aliás a televisão transformou, de modo mais significativo que o jornal, a vida privada de uma pessoa pública em assunto público, outro aspecto também a ser abordado em sala de aula.

Outro ponto interessante do humor é a relação que ele mantém com o tempo. Piadas, anedotas, charges, enfim, todo texto humorístico tem de ser compreendido rapidamente. Se for o caso de dar explicações, parte do humor se perde nas palavras que tentam destrinchá-lo. As produções dos programas humorísticos sabem disso e adquiriram o hábito de manter entradas com risos gravados ou comandados pela claque nas horas em que eles devem ocorrer. Até abusam dessas entradas, colocando-as muitas vezes em momento inadequado, querendo fazer crer que qualquer palavra seja motivo de riso. Isso ocorre sobretudo com personagens cujo tipo seja pretexto gerador de humor. Por exemplo, "Ô, Coitado!", bordão da personagem criada por Gorete Milagres, é apresentado com inúmeras entradas de riso gravado. Para fazer crer que a exploração do tipo é humorística, muitas frases dela, mesmo as que apenas fazem parte do enredo que precisa ser compreendido pelo telespectador, contam com entradas de riso. Tais comandos buscam criar o tempo certo do riso, fazendo crer ao telespectador que ele compreendeu exatamente o momento de rir, pois tal riso é comandado pelo tempo preciso de rir.

A artificialidade desse recurso de entradas de riso faz os incautos rirem muitas vezes sem saberem exatamente do quê. Lembremos da porta de entrada da mente: ela assimila facilmente o que vê, o riso fará parte desse quadro visto.

Outra marca do humor na televisão é a transformação da comédia, uma estrutura narrativa na qual estão inseridas personagens e uma situação de desenvolvimento complexo, em esquete, que se restringe a uma pequena cena teatral. A sofisticação dos esquetes está no fato de um mesmo tipo ser explorado constantemente. São programas criados a partir de tipos. Desenvolveram muito essa criação Golias, Chico Anysio e Jô Soares. Deles vieram outros criadores.

Mas o esquete não se limita a abordar sempre a mesma personagem. Programas como *Casseta e Planeta* apresentam frequentemente personagens retiradas da vida política real em breves situações de humor. Por essa razão, o programa é menos popular, pois exige que o telespectador esteja muito enfronhado nas informações, às vezes apresentadas com referências bem sutis.

Outro aspecto importante do humor é a motivação interna do riso. Por que rimos? Por que uma determinada cena provoca o riso em nós? Por que riem os professores que assistem a programas como a *Escolinha do Professor Raimundo*? Riem dos alunos que nada sabem e expõem-se ao ridículo por isso? Riem do papel do professor que colabora para que o aluno seja exposto ao ridículo? Não há dúvidas de que o ridículo faz parte da estrutura do argumento de poder. Colocando o outro no ridículo, estamos rindo como se estivéssemos na tribuna, em um ponto elevado, distante daquele que se encontra abaixo de nós. Talvez seja por isso que professores riem das cenas da *Escolinha*, pois estarão dizendo a eles mesmos que não são parte daquele ridículo. Trata-se de defesa. E se não rirem desse programa e sequer assistirem a ele, por que negarem sua existência e seu humor? Estarão reconhecendo no programa parte da realidade em que se encontram? Sentir-se-ão aviltados diante da imagem que se cria do professor? Dos alunos? Esses pontos devem ser objeto de discussão em sala de aula. Os alunos devem discutir a razão de seu riso, a razão de seu não riso. Assistir à programação ou negar-se a vê-la têm suas razões.

A opção pela rede aberta

Quanto à tevê, resta talvez acrescentar ainda a opção feita pelo estudo da rede aberta. É ela que tem maior poder de penetração, é sua programação ainda a que mais se assiste. E por ser de domínio comum, trabalhar com ela em sala de aula é estar dando acesso ao estudo da linguagem televisiva a todos os alunos, sem distinção. É também garantir a quem não assiste a essa rede a compreensão do universo de quem está sempre ligado a ela. Além disso, seu estudo abre as portas para a análise da televisão por assinatura.

GIBI E REVISTAS DIRIGIDAS A MENINOS E MENINAS

Não se pode negligenciar o papel desses meios de comunicação. O gibi é lido na infância, e não raramente a leitura segue até a fase adulta. Ele também exerce influência, embora seja absorvido por meio de canais mais críticos. No entanto, o contato com essas publicações se dá em idade bem tenra, quando o indivíduo está disposto a aceitar com poucas críticas o que a vida lhe apresenta. Assim, os modelos de relação social são vistos como uma possibilidade para a vida. Personagens com as quais as crianças vão se identificar vão sendo incorporados ao longo dos anos em que se lê. De super-heróis a anti-heróis, todos estão a serviço de uma identidade. Um ponto interessante desse material é a relação entre as personagens, como elas reproduzem as relações sociais do tempo em que foram criadas, ou como elas evitam reproduzi-las.

Quando Walt Disney criou a série Mickey e seus amigos, as relações não eram entre núcleos familiares. Pai e mãe, tal como aparecem nas revistas da Luluzinha e Bolinha, ou atualmente nas revistas de Mauricio de Sousa, não apareciam. Seria interessante perguntar-se por que essas revistas norte americanas, criadas em uma época em que a família ganhava mais poder e respeito nos Estado Unidos, foram criadas com personagens que estabelecem relações com parentes mais distantes, como tios e tias. Por que os sobrinhos do Donald não tinham pais? Por que jamais conviveram com seus pais?

A leitura desse gênero de texto admite que se trabalhe com qualquer gibi. Mas nossa opção se deu pelos criados por Mauricio de Sousa em vista de sua ampla vendagem. No entanto, o modelo apresentado não se limita a esses gibis, ele pode se estender a outros.

Além dessa leitura, os jovens entram em contato com revistas temáticas ou objetivamente dirigidas ao sexo masculino ou ao feminino. As meninas encontram no mercado revistas que ensinam como devem conduzir-se, comportar-se, como devem arrumar namorados ou vestir-se. Tais publicações são muito aceitas por elas e fazem parte de ideais que devem seguir. A moda, a que está muito suscetível o jovem, sobretudo a jovem, é detalhada. Atrelada ao consumo direto, pois determina o modelo que deve vestir, a marca que deve usar, os acessórios que compõem o traje.

A moda se liga a uma conduta. Vestir-se não é apenas seguir um estilo, mas adequar-se e adequar a personalidade a um papel que está à venda nas revistas. É como se o jovem tivesse de aprender a ser jovem lendo esse material. Para as meninas, a revista assume importante papel, pois elas querem ser aceitas socialmente, aceitas pelos garotos com quem desejam um dia casar-se. Ao negar essas orientações, elas sentem-se como se estivessem negando seu futuro. A leitura dos ideais de consumo atrelados a esse papel feminino parece ser um caminho interessante.

Já os meninos preferem revistas temáticas, como as de esportes, jogos em geral ou carros. Também têm os olhos voltados para publicações como *Playboy*. São aceitos como são, com suas preferências. Precisam vestir-se como jovens, mas a conduta deles não vem prescrita em páginas de revistas. Os jovens se veem diante da possibilidade de escolha maior que as jovens. Mas suas revistas não estão livres de anúncios, ao, elas são muito mais bombardeadas por eles. Como essas revistas já terão sido trabalhadas no sétimo ano, a opção se deu por aquelas voltadas para os videogames, publicações recheadas de anúncios diretos e indiretos. Tal escolha se deve ao fato de elas serem consumidas por muitos nessa faixa etária.

Nessas publicações dirigidas a essa faixa etária predominam os anúncios. O consumo é o mote, a chamada. Consomem-se jogos, maneiras de ser, de rir, de vestir, de pensar. Os jovens são, antes de tudo, vistos como consumidores. Alertar seus alunos para isso é tarefa educacional da qual não devemos fugir.

OUTDOOR

Reconhecemos a importância do *outdoor* por diversas razões. Em primeiro lugar, os anúncios, nas sociedades de consumo, têm importância que não se pode desprezar. Em segundo lugar, nas cidades brasileiras, ou até mesmo nas estradas, esse recurso da propaganda ganhou espaço significativo, tornando-se parte da paisagem urbana.

Ler criticamente o *outdoor* consiste, portanto, em reconhecer nele os recursos textuais, bem como seu papel na composição do espaço urbano. Quanto aos recursos textuais, eles se caracterizam por serem decodificados rapidamente, uma vez que não se para no trânsito para sua leitura, pelo menos não obrigatoriamente. No entanto, pode ocorrer de se verificar um texto mais longo, sobretudo em avenidas onde o congestionamento é comum e quase que garantido nos inícios da manhã e nos finais da tarde, permitindo que o passageiro de um carro ou ônibus possa dedicar-se a uma leitura mais pausada. Quanto ao fato de essas enormes placas fazerem parte do cenário urbano, a leitura crítica deve voltar-se para um questionamento sobre a validade desse meio de comunicação, considerando sua interferência no meio ambiente, como poluidoras visuais.

O trabalho com *outdoor* é, sem dúvida, menos intenso que o com a televisão, mas vale a pena alertar sobre esse suporte. A ele serão associados os painéis eletrônicos que invadem as grandes cidades, que nada mais são do que *outdoors* animados. Em outras palavras, isentam o leitor de qualquer crítica, uma vez que novamente são os olhos, a porta de entrada para a mente, tal como faz a tevê.

RÓTULOS

Se somos consumidores daquilo que a televisão, *outdoor*, painel eletrônico, revistas, folhetos e mais uma variada gama de meios de comunicação divulgam, é importante que aprendamos a ler o que compramos. Nesse caso, a leitura merece especial atenção, pois ela pode ser uma vereda da crítica ao consumo. A formação de consumidores críticos e exigentes é o caminho para lidar com a carga de informações que nos é transmitida pelos anúncios publicitários. É o discernimento que se adquire para o consumo.

Essa modalidade de leitura exige um conhecimento técnico, o qual não esperamos esgotar em um sétimo ano, quando o assunto é abordado, mas desejamos sensibilizar o aluno para questionar os rótulos, não depositando neles crença gratuita nem aceitando informações não decodificáveis por leitores comuns. O código de barras, por exemplo, contém toda a informação necessária ou exigida pelos ministérios da Saúde ou da Agricultura. Mas, a leitura não pode ser feita por nós. Discutir esses aspectos é tarefa do professor em sala de aula.

Em meados de 1999, surgiu um projeto de lei que exige informações decodificáveis pelos consumidores, expostas com clareza. Mas sabemos que uma lei não garante necessariamente clareza na linguagem. Transformar algumas informações apresentadas no código de barras em texto não significa garantir a leitura, é preciso compreender que produto químico é esse, que efeito ele tem e que legislação permite que ele seja adotado no Brasil. Afinal, muitas vezes, uma lei ainda não aprovada permite que alguns produtos químicos já comprovadamente inaceitáveis em alguns países continuem sendo utilizados no Brasil. Além disso, a consciência do consumidor pode exigir das indústrias produtos mais saudáveis. Por isso, fazer muitas perguntas sobre tudo o que não se entende nos rótulos é tarefa do aluno. Acreditamos que buscar respostas nas indústrias é a melhor forma de avaliação.

PROPOSTAS DE TRABALHO

SEXTO ANO

Jornal – encartes dirigidos à faixa etária dos alunos

Justificativa: No sexto ano, prepara-se o caminho para a compreensão dos recursos de comunicação com os quais o aluno irá trabalhar de modo mais profundo nos anos seguintes. A percepção de intenções ou de finalidades de produção de textos, a existência de interlocutores, de receptores passivos, de ideologias existentes no processo de comunicação da mídia serão absorvidas pelo aluno.

Quantidade de blocos: 7

Organização das aulas (espaço/grupo): sala tradicional, de preferência com carteiras móveis para formar grupos

Providências do professor e da escola: comprar por duas semanas consecutivas jornais que tenham os encartes dirigidos a essa faixa etária em número suficiente para atender aos grupos de alunos.

Bloco 1

Objetivo: conhecer jornais e encartes dirigidos a um público-alvo, portanto, conhecer a intenção de textos, mesmo que o aluno não seja leitor desses encartes. (O importante é que ele conheça as publicações como leitor crítico.) Considerando que o ponto de partida é o universo do jovem e sua própria bagagem cultural, inicia-se o trabalho com um questionamento sobre a provável predileção dele.

Pergunte aos alunos o que eles esperariam encontrar em um jornal dirigido a eles. Faça com a classe, no quadro de giz, uma lista de informações que eles desejam encontrar em jornais dirigidos a eles. Peça que a classe justifique a escolha feita.

	interessa aos meninos	*interessa às meninas*	*interessa aos dois sexos*
assunto	esportes	histórias	quadrinhos
razão do interesse	porque gostamos disso	porque distrai	porque diverte, passa o tempo

Após essa atividade, os alunos copiam em seus cadernos as observações feitas pela classe. Partindo-se disso, eles irão ler os encartes dos jornais divulgados em sua região. No eixo Rio-São Paulo, os jornais *O Estado de S. Paulo* e *Folha de S.Paulo*, *Jornal do Brasil* e *O Globo* oferecem aos sábados ou aos domingos esses encartes.

Talvez o quadro revele até uma visão estereotipada das preferências. Talvez o professor também esteja se perguntando se a divisão sugerida não está quase obrigando os alunos a terem essa visão estereotipada sobre diferenças de preferência. Nossa escolha para esse procedimento se deve ao fato de as publicações buscarem seu público-alvo, dividindo-o também pelo sexo. Há revistas femininas, há revistas masculinas. Há revistas para jovens do sexo masculino, há revista para jovens do sexo feminino. Há revistas para grupos que praticam determinado esporte. Há revistas para os dois sexos, o que parece ser uma nova tendência das linhas editoriais, como a *Mundo estranho* com informações diversificadas capazes de despertar interesse nos dois sexos. Esse tipo de publicação cerca o público-alvo pela faixa etária. De qualquer forma, não se pode negar o direcionamento das publicações. A comparação entre os encartes de jornais será feita considerando-se que o público-alvo são jovens dos dois sexos.

Bloco 2

Objetivo: sistematizar o conhecimento dos encartes e constatar semelhanças na linha editorial e no padrão nas produções. Daí a importância de ler mais de um encarte.

Os alunos vão ler os encartes dos jornais, começando com os da primeira semana.

Para atender adequadamente a essa atividade, os grupos devem ter em mãos os jornais. O professor pode formar os grupos com cerca de cinco alunos. Cada grupo deve observar tudo o que ali aparece: textos, imagens, atividades, propagandas.

Sugerimos que um aluno leia enquanto outros prestam atenção. Após cada matéria lida, o grupo deve anotar do que se trata: uma carta do leitor, uma tirinha, um quadrinho, um conto de um escritor e dirigido ao público-alvo, um conto de um leitor ou uma leitora, atividades culturais etc.

Em seguida, os alunos vão fazer exatamente o que fizeram anteriormente. Cada grupo deve ler um outro encarte do mesmo jornal com que trabalhou. Mas, no final, eles devem responder a algumas questões que reflitam sobre a regularidade dos assuntos tratados. Essa atividade é mediada pelo professor.

a) Para você, os dois encartes lidos têm a mesma cara, o mesmo jeito? Há nos encartes partes que se repetem? Justifique. (Os alunos devem justificar o ponto de vista defendido por eles.)

b) Você se lembra de algum programa de televisão que tenha sempre a mesma cara? O mesmo jeito? Qual é? (Os alunos podem associar as repetições, reconhecendo nelas uma característica dos meios de comunicação. Até o próprio livro didático pode ser explorado nesse mesmo sentido.)

c) Para você é importante que o programa tenha a mesma cara? O mesmo jeito? Por quê? (Os alunos já têm experiência suficiente para saber exatamente em que momento entram vídeos-cassetadas, em que momento o cômico é explorado em "Pânico na TV". Por isso, decidem se continuam assistindo ao programa, se continuam aguardando as mesmas atuações.

Em se tratando dos encartes com os quais o professor está trabalhando, ele deve elaborar uma pergunta a partir do espaço designado, por exemplo, para histórias em quadrinho.)

d) Para você, qual seria a vantagem de o "Estadinho" ter sempre as histórias da Mônica na mesma página? (Os alunos podem perceber que, tal como acontece com os programas de televisão, a regularidade das publicações permite que se preveja o que vai ser encontrado.)

e) Se os encartes que seu grupo leu mudassem sempre de cara, o leitor poderia se habituar às constantes mudanças? (Os alunos podem responder sim ou não. Se a resposta for sim, eles estarão demonstrando que a regularidade de uma apresentação, seja ela de um encarte, seja de um programa de televisão, cria para o leitor uma eterna previsão do novo. Nesse sentido, o leitor estranharia se houvesse repetição. Se a resposta for negativa, o aluno ainda não percebeu que regularidade é sempre sinônimo de previsibilidade. Discuta com a classe um pouco mais sobre a capacidade de prever o que vai acontecer, mesmo que seja sempre uma mudança.)

f) Se os encartes, às vezes, fossem de um jeito, outras vezes de outro, e não tivessem uma cara, os leitores poderiam prever onde encontrar o que procuram? (Os leitores jamais poderiam prever onde encontrar o que procuram, porque o encarte deixaria de propor regularidade, deixaria de oferecer um caminho regular de leitura.)

g) E que aconteceria com o leitor se o jornal não tivesse cara? (Haveria a possibilidade de o leitor não se identificar com a publicação.)

Bloco 3

Objetivo: fazer um contraste entre o que se espera e o que se encontra a fim de tornar o leitor opinativo e crítico.

A tarefa seguinte consiste em encontrar ou não as preferências levantadas pela classe nos encartes. Talvez não encontre nada do que desejava, talvez encontre apenas parte do que desejava.

Para tanto, os alunos farão uma lista dividida em três partes: uma para os assuntos que esperavam encontrar e encontraram; outra para os assuntos que esperavam encontrar e não encontraram e a terceira lista para assuntos que não esperavam encontrar e encontraram.

Inicia-se, então, a reflexão sobre o levantamento. Para isso, eles devem refletir, em grupo, sobre alguns pontos fundamentais, sob a orientação do professor:

a) Aquilo que esperávamos encontrar não estava nos encartes? Por quê? (Os grupos devem encontrar justificativa razoável. A seguir há algumas perguntas que o professor pode apresentar aos alunos: O desejo de vocês era uma informação muito específica? Vocês esperavam um assunto muito regional? Qual é a procedência do jornal (cidade e estado)? A procedência poderia ser a causa de não terem encontrado no jornal o que esperavam dele? O professor deve explorar com os alunos a causa desse desencontro.)

b) Aquilo que não esperávamos encontrar estava nos encartes? Por quê? (Aqui também os grupos devem encontrar uma justificativa. A seguir algumas perguntas que podem orientar os alunos. Qual é a procedência do jornal (cidade e estado)? A procedência poderia ser a causa de termos encontrado no jornal o que não esperávamos dele? Para os alunos, o assunto não faz parte de seu universo. O assunto é totalmente irrelevante: por exemplo, educação no trânsito em jornal que circula em zona rural.)

Bloco 4

Objetivo: reconhecer-se com poder de participação e preparar-se para o encarte que deve ser montado.

Nesta aula, os alunos farão propostas para melhorar os encartes lidos, levando em consideração alguns pontos:

a) Selecione dos assuntos que interessam a você, os que poderiam ser incluídos nos encartes. (A classe deverá eleger, entre suas preferências, tópicos que considere importantes. A eleição deve ser na primeira parte dessa aula.)

b) Há assuntos que não interessem a vocês especificamente, mas poderiam interessar ao público da região onde vocês moram? (Os alunos enxergarão a comunidade maior, o grupo de que fazem parte, não se limitando à escola. Nesse momento, eles podem reforçar a compreensão do fato de terem encontrado notícias que não esperavam.)

Observação: Não se preocupe com o custo do jornal. As edições devem estar de acordo com os recursos da escola. Podem ser sofisticadamente elaboradas em computador, com direito a escanear imagens criadas por programas de arte, mas podem também ser elaboradas em papel sulfite, em papel de padaria, mas o importante é que seja criada a edição. Nesse sentido, as etapas de realização estarão apresentadas sem especificar o material.

Os alunos serão orientados para a produção:
- Delimitar o número de páginas, trabalhar, no máximo, com quatro páginas e, no mínimo, com duas.
- Os alunos desenham o jornal: as partes que devem aparecer.

Título	
Tirinha...	Desenho de aluno

- Com a mediação do professor, os alunos distribuem a parte que cada um deve produzir, ou seja, quem vai desenhar, criar a tirinha, fazer uma entrevista, um resumo sobre as atividades da escola... Tudo isso a ser decidido pela classe com a orientação do professor. É importante que cada aluno de um grupo tenha pelo menos uma responsabilidade.

Bloco 5

Objetivo: começar a montar as matérias do encarte.

Se for necessário, reserve mais tempo para os alunos montarem as matérias do encarte. Talvez eles tenham pensado em fotografia, em atividades que demorem mais tempo para ser concluídas. Se for o caso, encaminhe atividades para casa e acompanhe a produção. É importante que as atividades não sejam impostas. Não é a imposição que vai ensinar.

De acordo com o tipo de edição, de papel sulfite a computador, é importante que o aluno respeite o espaço reservado para sua tarefa. Assim, a delimitação do espaço deve estar clara para todos.

Por exemplo, a tirinha que um aluno vai produzir deve ser feita no tamanho do espaço reservado a ela. Se houver recurso, xerox reduzido, por exemplo, o aluno pode até desenhar em tamanho maior. Se for escaneado, também.

Bloco 6

Objetivo: montar o jornal, colando, escaneando...

Bloco 7

Objetivo: avaliar.
Avaliação de instância não pública desse trabalho com o jornal. A avaliação deve consistir em comentário sobre o trabalho dos outros grupos. Não permita que se dê nota.

A partir dessa avaliação, verifique se houve progresso e finalize a tarefa com uma descrição geral, ressaltando os aspectos positivos de cada grupo, transformando em pontuação, conceito.

Sugerimos também uma avaliação de instância pública: os alunos podem se dirigir aos jornais que têm encartes para crianças, escrevendo para eles e perguntando a razão de haver algumas seções de pouco interesse. Para isso, deverão levar em consideração a análise feita no bloco 4.

O que fazer se sua região não dispõe do material sugerido?

Trabalhar com uma página de jornal dirigida ao público adulto, mas que tenha atividades culturais que possam interessar aos alunos; fazendo as devidas adaptações, as aulas permanecem as mesmas.

Anúncios veiculados na televisão

Justificativa: como a televisão tem grande penetração social, é importante que se trabalhe com ela, inclusive com as propagandas nela veiculadas, a fim de tornar o jovem leitor crítico e consciente dos recursos empregados. Para iniciar nesse ano o trabalho, separam-se as propagandas dirigidas aos adultos das dirigidas a não adultos a fim de identificar o público-alvo.

Para compreender bem nosso critério de seleção dos anúncios aqui sugeridos para o trabalho com os alunos, é importante esclarecer alguns pontos acerca dos tipos de anúncios. Primeiramente, sugerimos que não se trabalhe com anúncios de produtos já consagrados e muito consumidos, tais como Coca-cola, Nescau, entre outros, pois suas campanhas publicitárias dispensam qualquer tipo de informação objetiva. Como os produtos são conhecidos do público que o consome, a publicidade visa apenas à manutenção do consumo, querendo dizer que não se deve esquecer o produto. Por essa razão, reforçamos a ideia de que os anúncios devem ser selecionados tal como indicado no tópico "providências do professor e escola".

Devem-se enfocar as intenções empregadas para atrair o consumidor do produto por recursos que envolvem quem paga e quem o consome diretamente. O importante é que o aluno reconheça-se como objeto dos textos publicitários e torne-se leitor crítico deles.

Quantidade de blocos: 6.

Organização das aulas (espaço/grupo): sala tradicional, de preferência com carteiras móveis para formar grupos.

Providências do professor e da escola (gravar três tipos de anúncios):

- Um anúncio de produtos dirigidos a crianças em faixa etária com poder de persuasão sobre aquele que tem poder de compra, isto é, produtos como bicicletas, iogurtes, achocolatados, sandálias, bermudas, entre outros tantos. O anúncio deve ter algumas informações objetivas, tais como resistência, preço, para que seja interessante para o aluno.
- Um anúncio de produto dirigido à criança que não tem poder de persuasão sobre aquele que compra, como fraldas, papinhas, entre tantos dirigidos a essa faixa etária que ainda

não escolhe o que usa. Talvez aqui o professor depare com alguma dificuldade, pois nem sempre essas campanhas estão sendo veiculadas. Para substituir esse material, caso nenhum anúncio desse tipo esteja circulando pela tevê no período em que o professor dispõe de tempo para essa atividade, recomendamos anúncios de produtos fabricados para animais, como ração, já que eles também são dirigidos a um público que não é persuadido.

* Produtos dirigidos a adultos, usuários e pagantes dos produtos, como desodorantes, pós-barbas, sopas. Em síntese, anúncios que tenham informações objetivas, concretas sobre o produto. A escolha de anúncios mais objetivos ajudará a demonstrar para os alunos os elementos empregados para convencer o comprador.

Exemplos:

A ideia de que Omo lava mais branco já é em si uma breve informação sobre a eficácia do produto. Sabemos que é pouco, mas é alguma coisa. Campanhas do sabonete Dove, até fim de 1998, insistiam no fato de a pele ser hidratada pelo sabonete, de a pele não ficar ressecada após o banho com esse produto. A sensação provocada pelo sabonete, tanto depois do banho como ao acordar, foi ressaltada pelas campanhas.

Bloco 1

Objetivo: sensibilizar os alunos para os três tipos de propagandas gravadas pelo professor, tomando como ponto de partida os produtos anunciados.

Para prepará-los nesse trabalho, o professor deve iniciar a atividade identificando alguns elementos importantes da intenção dos textos publicitários, fazendo uma reflexão com a classe. Nesse momento, ainda as fitas de vídeo com os anúncios ainda não devem ser vistas. A hora é de reflexão.

1. A primeira tarefa é caracterizar o quem vem a ser o consumidor, classificando como usuário do produto e pagante. Para isso, inicie a aula perguntando:
   a) Quem é o consumidor? (O professor deve permitir que a classe responda livremente. Trata-se apenas do início da tarefa. O conceito irá sendo reformulado, caso esteja errado, quando os alunos depararem com outras perguntas. Esse é o momento inicial. É interessante que eles escrevam a conclusão da classe em seu caderno, para ser mais tarde confrontada.)
   b) O consumidor é quem paga pelo produto? (Provavelmente a resposta entrará em conflito com o que cada aluno pensou anteriormente. Eles vão percebendo que há quem paga e quem não paga pelo que consome. Nesse momento, a classe deve perceber que o consumidor pode estar pagando ou não pelo produto. Assim, os alunos devem reconhecer-se como consumidores. Se a discussão se estender, eles perceberão também que crianças recém-nascidas são consumidores, embora os anúncios de produtos dirigidos a elas sejam elaborados somente para os adultos.)

Num exercício de reflexão com os alunos, deixe-os responder e encontrar, pela experiência social que têm, as respostas. Reflita com a classe, levantando exemplos de anúncios. Peça que se lembrem de um anúncio de fraldas e contem como ele é apresentado na tevê. Os alunos devem lembrar-se de como são estruturados esses anúncios. Devem narrar histórias em que mães, com filhos pequenos, aparecem trocando fraldas, brincando com a criança e vestindo-a com as fraldas anunciadas. Se a classe puder lembrar-se desses anúncios, perceberá que os textos são dirigidos às mães, com explicações sobre a capacidade de absorção do produto anunciado, com informações categóricas sobre o vazamento das fraldas, sobre a resistência delas.

Veja um quadro-resumo de um anúncio de fralda:

imagens	textos
Crianças saudáveis e felizes e, às vezes, mães zelosas. Por vezes, pais aparecem sempre numa relação de afetividade com os filhos.	Os textos enfocam a capacidade de absorção do produto, a capacidade de aguentar mais de uma urinada.

imagens	*textos*
Quem paga? O consumidor que decide se compra ou não é a mãe. Quem consome tem poder de persuasão? O usuário do produto é uma criança recém-nascida sem poder de influenciar a mãe.	Não há nenhuma informação dirigida ao usuário do produto.

Depois, discuta um anúncio de produto dirigido à faixa etária dos alunos: roupas de grife, chocolates, bicicletas. Esses produtos têm textos dirigidos aos jovens que serão os usuários do produto, mas, agora, com poder de persuasão aos que pagam por eles. A realidade é, portanto, outra. Pergunte quem é o consumidor desses produtos e quem são os usuários. O que é consumidor? O que é usuário?

> De acordo com o dicionário *Aurélio*, consumidor é aquele que compra um produto para consumo próprio. Mas, de acordo com a experiência social dos alunos, o consumidor é aquele que consome o produto, pagando por ele, ou quem tem capacidade de persuadir uma pessoa adulta para levá-la a comprar um produto. Dessa forma, o usuário pode ou não ser o consumidor, pode ou não ser o pagante.

Quadro-resumo:

Consumidor e usuário		*Apenas usuário*
usuário pagante	usuário não pagante	usuário não pagante
normalmente adulto	normalmente pessoas dependentes economicamente com poder de persuasão	aquele que usa o produto sem ter poder de persuasão

45

Produtos consumidos		
bebidas alcoólicas, eletrodomésticos, cigarros, desodorantes	bicicletas, roupas de grife, sandálias, achocolatados, refrigerantes.	fraldas, mamadeiras, chupetas; ou para os animais: ração, osso.

O professor deve deixar os alunos estarem seguros com esses conceitos antes de prosseguir com a apresentação dos anúncios. Não deve avançar enquanto eles não puderem dar exemplos dos produtos com segurança. O quadro-resumo deve ser elaborado apenas no final, quando os alunos já tiverem discutido sobre a diferença entre consumidor e usuário.

Bloco 2

Objetivo: identificar textualmente os elementos dos anúncios dirigidos à faixa etária dos alunos e os dirigidos aos pais ou responsáveis. Inicia-se o trabalho com os anúncios dirigidos aos jovens porque se supõe que tenham dedicado a eles mais tempo de sua atenção.

O professor deve apresentar (em vídeo) o anúncio de produtos dirigidos a crianças com poder de persuasão.

Nesse bloco, os alunos irão, após assistir ao vídeo, identificar as informações que caracterizam esse tipo de anúncio. Para isso, irão separar as informações dirigidas a eles de modo objetivo daquelas dirigidas aos pais.

Para identificar as informações dirigidas a eles, o professor pergunta: (Em todas as perguntas, o professor pede aos os alunos, depois de chegarem a um consenso, que registrem a resposta, escrevendo-a.)

a) Há alguma informação que ensine a você a maneira como deve pedir o produto a seus pais ou responsáveis? Identifique-a.
   (Às vezes os anúncios são muito claros nisso. O professor deve ficar atento para o fato de alguns anúncios não fazerem alusão aos pais. Isso acontece quando o produto pode ser comprado com o dinheiro da mesada, ou quando o custo dele pouco afeta os pais, por isso não há necessidade de se insistir com

o usuário na forma de persuasão. Esse foi o caso de uma caneta que era tão boa, segundo o anúncio, que se podia escrever na coxa quando se desejasse colar. Esse anúncio foi veiculado em revistas, no início de 1998.)

Exemplos:

> Em um anúncio, um rapaz orientava para a expressão do rosto que a criança deveria fazer. Outro chegou a ser proibido porque foi muito agressivo. Foi o caso de um anúncio de uma tesoura da Disney, em que uma menina declarava: "Eu tenho, você não tem", provocando inveja e revolta.

b) Há alguma informação que esteja associada a qualidades pessoais que você desejaria ter? Identifique-as. (O anúncio do Nescau costuma associar o produto à força, exatamente com crianças que ainda não têm musculatura desenvolvida porque estão em crescimento. Também associam a heróis fortes que vencem a tudo. Bicicletas podem ser associadas a aventuras e liberdade.)

c) Há na imagem alguma informação que provoque vontade de adquirir o produto? Identifique-a. (Alguns anúncios apresentam sanduíches, chocolates ou sorvetes com imagens que provocam o paladar. As roupas femininas se associam à sensualidade. Em geral, roupas para crianças de 11 anos, ou menores, se associam à liberdade de movimentos, ao bem-estar. Sandálias provocam o desejo de as ter por meio da inveja, sugerindo quem tem é melhor que os outros. Se o produto estiver associado a uma grife de pessoas muito populares, como Xuxa, Angélica, seus produtos seduzem pelo fato de ser dessas pessoas. Assim, Xuxa tem o poder na sua própria pessoa para seduzir o comprador. Em síntese, ter um produto da Xuxa é a única coisa que o consumidor pode fazer para ser como ela ou ficar próximo dela. Outras grifes vão apelar à conotação social: trata-se de um produto ligado a um suposto consumidor de alto poder aquisitivo. Mesmo quem não tem dinheiro sentirá vontade de comprar para ser como uma pessoa com esse poder.)

d) Há alguma imagem que ensine você a ser sedutor para conquistar as pessoas de quem você gosta? Identifique-a. (Em anúncios para meninas, essa exploração é comum. Meninas são levadas a desenvolver comportamento de mulher adulta, em posturas sedutoras, com roupas sedutoras.)

Para identificar elementos textuais dirigidos aos pais ou responsáveis, pergunte:

a) Há alguma explicação sobre o produto, como resistência, qualidade, devolução do dinheiro? Identifique. (Há anúncios que tratam também da qualidade, como se fosse importante para a criança a duração do produto. Talvez os alunos, encontrando essa informação, acreditem que ela é dirigida a eles. Pode até ser, mas será em caráter adicional, pois, sendo os pais os pagantes, é natural que eles também participem dessa decisão, sobretudo se o produto exigir despesa que não saia da mesada. Em anúncios de roupa, essa qualidade é dispensável, sobretudo se a marca já faz isso por si mesma. Por exemplo, as campanhas da Benetton, normalmente em *outdoor* e quase nunca pela tevê, caracterizam-se por divulgar a marca. Assinale que esse recurso ocorre sobretudo com produtos que estejam mais associados eles mesmos à qualidade. Ressalte com os alunos que a ausência de informação pode estar significando que a população-alvo desse produto já tem suficientemente garantida a ideia de qualidade, ou que o produto já tenha firmado sua imagem.)

Exemplos:

> Os carros da Toyota são apresentados sem mencionar a resistência. Isso porque a marca Toyota é a garantia. A marca conseguiu se definir tão bem como algo de qualidade, que cada produto anunciado não exige que se fale de sua qualidade. Assim, muitos anúncios dispensam esse requinte. Coca-Cola, Nescau são exemplos disso. Pão Pullman é outro exemplo. Até mesmo um anúncio de margarina dizia textualmente que margarina fala por si, dispensando apresentações.

b) Há algum adulto conversando com outro adulto ou com o receptor? Quem é? Identifique. (Em algumas campanhas de agência de turismo, por exemplo, os pais são informados diretamente de questões que lhes interessam, como forma de pagamento, preço ou tipo de acompanhamento e segurança durante a viagem. Outras vezes, garante-se que o filho ficará muito satisfeito.)

Para casa: Na última parte desse bloco, os alunos formam grupos de no máximo cinco membros para que eles mesmos observem anúncios em suas casas, quando estiverem assistindo a um programa de televisão. Dependendo dos recursos disponíveis aos alunos da escola, eles podem também gravar ou simplesmente descrever o anúncio escolhido. Como se trata de material que está circulando socialmente, e é de conhecimento de todos, o professor também não terá dificuldade de avaliar a descrição ou a análise. Apenas, nesse casos, exija que o aluno pesquise em canais de rede pública e não em rede por assinatura, pois poderá encontrar um anúncio que não faça parte da rede que o professor assina.

De qualquer forma, se o professor tiver assistido ao anúncio será muito bom.

(A tarefa não pode ser exigida de um dia para outro. Para ela, os alunos demorarão algum tempo, dependendo da disponibilidade dos grupos de reunir-se. Calcula-se uma semana, no mínimo. Caso os alunos tenham muita dificuldade para fazer reuniões, para organizadamente assistir a programas de tevê a fim de buscar anúncios, o professor pode trazer a atividade para a sala de aula. Para isso, precisará da tevê da escola, da sala de aula e de tempo para assistir a um anúncio. Procure apenas fazer com que cada grupo trabalhe com anúncios diferentes para ter maior variedade de material. Se puder gravar será bom. Ressaltamos que apenas os anúncios que não precisam ser gravados são aqueles que estão no auge de sua campanha e, portanto, sendo veiculados insistentemente, em número de vezes tão grande que é possível o aluno descrever e verificar se não esqueceu alguma informação importante.)

Nessa tarefa de grupo, cada aluno entregará a seguinte atividade:
a) a gravação ou a descrição escrita do anúncio;
b) um texto em que ele assinale as informações dirigidas aos jovens e as dirigidas aos adultos, em que ele identifique os elementos de sedução (o aluno estará trabalhando com argumentos de maneira bem suave, pois estará identificando como a propaganda busca atingi-lo);

c) o nome do programa de televisão que passava quando ele estava gravando, o tipo de programa (cabe identificar se é desenho, novela, programa de animação), o horário. (O objetivo dessa identificação é, mais tarde, poder discutir a relação entre os produtos anunciados e os programas em que eles aparecem.)
Peça que os alunos apresentem seu trabalho.
Aparentemente, a atividade se encerra nela mesma, mas a questão é que ela continua. Esse material deverá ser guardado seja pelo professor, seja pelo aluno. Como os alunos são ainda pequenos e estão aprendendo a se organizar, seria muito bom que o professor se responsabilizasse por isso. A análise final deverá acontecer mais tarde, no final do processo.

Durante essa apresentação, anote a forma como o grupo trabalha, seguindo as orientações dos critérios gerais de avaliação.

Bloco 3

Objetivo: identificar nos textos dos anúncios os elementos dirigidos à faixa etária que é incapaz de persuadir ou os dirigidos aos donos de animais.

Passe um anúncio de produto, como fraldas e papinhas, dirigido à criança sem poder de persuasão.

Nesse bloco, os alunos irão identificar elementos textuais que caracterizam esse tipo de anúncio. Irão identificar informações objetivas dirigidas a quem paga pelo produto e informações subjetivas, as que apenas encantam ou seduzem, como crianças pequenas, risonhas e saudáveis, brancas, quase nunca negras, ou animais bonitos correndo por amplos terrenos. Afinal, é preciso sempre associar os produtos a pontos positivos.

Para identificar elementos textuais dirigidos aos adultos, pergunte:
a) Há alguma informação objetiva sobre as qualidades do produto? Quais são? (Os alunos devem identificar, por exemplo, informações como indicação da capacidade de absorção das fraldas, ou capacidade nutritiva da ração. É importante relacionar essas informações aos adultos

interessados em informações mais objetivas. É muito frequente que esses produtos estejam sempre associados a informações sobre a qualidade. Talcos para crianças, se a marca é consagrada, podem dispensar essas informações. Houve até quem já tenha anunciado o talco como produto a ser utilizado por toda a família. Esse apelo reforça a necessidade de compra.)

Exemplo:

> Os cotonetes da Johnson fazem esse apelo. Nesse sentido, o apelo não deixa de ser uma informação objetiva sobre a qualidade do produto. Como se trata da Johnson, o anúncio dispensa o esclarecimento. A propósito, se alguma empresa consagrada anunciar qualidade é certamente porque ela está precisando fazer isso, talvez em virtude de algum aspecto de sua imagem ter sido atingido.

b) Há cenas ou imagens que seduzem aquele pagante interessado no produto? (Aqui, interessa saber que crianças saudáveis são elementos que seduzem os compradores das fraldas. Os pais desejam que seus filhos fiquem tão felizes ou saudáveis como aquela criança. É importante começar a concluir que imagens positivas devem sempre ser associadas aos produtos anunciados.)

Para casa: Na última parte deste bloco, os alunos, nos mesmos grupos, vão repetir a tarefa anterior, mas, agora, com anúncios dirigidos a adultos que compram para usuários não pagantes. Também aqui, eles devem descrever o anúncio ou gravá-lo, identificar os que são dirigidos para os adultos e os elementos que seduzem para a compra. As orientações dessa parte, referentes a prazo que será dado aos alunos, à forma de organização do trabalho, equivalem à tarefa de casa do bloco 2.

Bloco 4

Objetivo: identificar textualmente os elementos dos anúncios dirigidos a adultos, usuários e pagantes dos produtos, como desodorantes, pós-barbas, sopas.

Apresente em vídeo o anúncio de produtos dirigidos a adultos usuários e pagantes dos produtos, como desodorantes, pós-barbas, cigarros, sopas.

Nesse bloco, os alunos irão identificar elementos textuais que caracterizam esse tipo de anúncio. Irão identificar informações objetivas dirigidas a quem paga pelo produto e informações subjetivas, as que apenas encantam ou seduzem, como prosperidade social, promessa de ascensão, de sedução. Se o aluno gravar um anúncio de cigarros, é interessante observar a ausência de informações objetivas atreladas à qualidade do produto. Quando elas aparecem, é porque estão ligadas ao baixo teor de nicotina, mas a droga continua sendo a mesma. Se for o caso, um contraste entre anúncios de cigarro ou de bebida alcoólica com anúncios de produtos que não sejam considerados drogas pode ser uma interessante abordagem.

Para identificar elementos textuais dirigidos aos adultos, pergunte:

a) Há alguma informação objetiva sobre as qualidades do produto? Quais são? (Os alunos devem identificar informações como, para sabonetes, a capacidade de hidratar a pele; para creme de barbear, a capacidade de não irritar. Mais uma vez, é importante relacionar essas informações aos adultos interessados em informações mais objetivas. Lembre-se, por exemplo, dos anúncios de carros da Toyota. Eles não trazem sempre a informação sobre a qualidade do produto. Se, por acaso, o aluno gravou um anúncio desses, procure mostrar que a informação sobre o produto já está na memória do público, suficientemente gravada e, por isso, ela é dispensável. Ou ainda pode ser estratégia de venda para fazer crer que o produto seja consagrado. Perceba, portanto, que não se pode dizer sempre que ela não existe, mas ela está implícita. Exceto, é claro, com os cigarros.)

b) Há cenas ou imagens que seduzem aquele interessado no produto? (Aqui, interessa saber que pessoas bonitas, ricas e saudáveis representam a sedução. Ou ainda ideias associadas à liberdade de ir e vir, para anúncios de carros. Promessa de ser melhor que outra pessoa.)

Para casa: Na última parte dessa aula, os alunos nos mesmos grupos vão repetir a tarefa anterior, mas, agora, com anúncios dirigidos a adultos que compram para usuários não pagantes.

Bloco 5

Objetivo: associar informações levantadas pelos alunos.

Peça que os alunos apresentem seu trabalho: o anúncio analisado, descrevendo-o, indicando as informações dirigidas a adultos e os elementos que seduzem. Identificar também o programa de televisão é fundamental.

Nesse bloco, os alunos vão retomar seus trabalhos e procurar entender todos os elementos de sedução, fazendo a seguinte associação:

a) Cada grupo escolhe um anúncio dos três apresentados, com o qual irá trabalhar.

b) Nesse anúncio, ele irá observar novamente suas anotações, verificando que elementos são de sedução e que elementos são objetivos, conferindo mais uma vez o que fizeram. É quase uma tarefa de revisão.

c) Depois, os alunos irão se perguntar se as informações objetivas são suficientes para poder decidir a compra. A resposta deverá ser escrita pelo grupo.

d) Em seguida, eles irão se perguntar se, para comprar o produto, o consumidor deve buscar mais informações. Se o grupo decidir que é preciso saber mais sobre o produto, ele deve fazer perguntas cujas respostas o consumidor deve buscar.

e) Após essa reflexão, eles irão se perguntar se os elementos de sedução podem agradar a qualquer classe social, seja o pobre, seja o rico. (Talvez aqui o professor ache que o mundo está sendo dividido de maneira dicotômica, num simplismo exagerado. O fato é que a criança precisa encontrar elementos para sua reflexão de valores. No caso, muitos anúncios atingem classes sociais menos favorecidas e isso, aos 11 anos de idade, já é possível perceber. Ao longo dos anos, os alunos irão abstrair cada vez mais a complexidade das informações colocadas nos anúncios.)

f) Finalmente, os alunos irão associar o anúncio ao programa de tevê. Obrigatoriamente, um anúncio se presta muito mais para determinados programas que para outros, pois sempre têm um público-alvo específico. A conclusão deve ser norteada pela relação entre informações, elementos de sedução e programa de tevê.

g) Os grupos discutem esses pontos assinalados e chegam à conclusão sobre o que acontece nos anúncios de tevê. Essa conclusão pode ser escrita e apresentada para os outros grupos. A tarefa do professor é mediar esses grupos, anotando sempre a forma como se comportam e participam.

Bloco 6

Objetivo: avaliar.

Sugerimos aqui trabalhar com uma avaliação de instância pública que deve ser elaborada pelo professor em função dos anúncios que estejam circulando socialmente.

Exemplo:

No ano de 1999, quando a Telefônica comprou a Telesp, ela demitiu inúmeros técnicos qualificados e contratou pessoal não qualificado para fazer as instalações ou consertos. Como a qualidade de serviços caiu muito, a imprensa teceu algumas críticas à empresa espanhola. A resposta pública da empresa foi a de lançar uma campanha publicitária em que ela anunciava que estava em "desordem" para "construir" um serviço melhor, empregando a metáfora de uma canteiro de obras, como se fosse uma construção, uma reforma. Ora, a causa da desordem era outra: a demissão de empregados qualificados e a contratação de pessoal despreparado para o trabalho. O anúncio da Telefônica, nesse sentido, foi completamente sem ética, esbarrando na esfera do crime previsto contra o consumidor: propaganda mentirosa. Se, na época em que estiver dando esse curso houver alguma situação semelhante, os alunos poderão escrever para um jornal a fim de constatar a irregularidade nas informações veiculadas e de pedir uma resposta pública mais adequada.

O que fazer se sua escola não dispõe do material sugerido?

A mesma tarefa pode se adaptar a anúncios de revistas, pois, tal como os programas de tevê, as revistas também têm um público-alvo e anúncios dirigidos a esse público sempre com as mesmas informações.

Novela

Justificativa: como a novela é um texto muito visto que afirma retratar a realidade e pretende garantir audiência assídua, é preciso que os alunos comecem a analisá-la e percebam como se constrói uma história para ser aceita socialmente.

Quantidade de blocos: 8.

Organização das aulas (espaço/grupo): sala com tevê e vídeo, com carteiras removíveis para formação de grupos.

Providências do professor e da escola: gravar algumas sequências de uma novela de sucesso no momento, sem os anúncios, tendo em vista o estudo das relações sociais e do preconceito.

Bloco 1

Objetivo: conhecer as preferências dos alunos em relação à tevê e provocar comentários sobre o que chama mais a atenção deles. Certamente, a novela será alvo de muitas observações dos alunos, o que já indicará a direção do trabalho.

Para garantir esse objetivo, procure perguntar sobre o enredo, as personagens, as cenas.

Bloco 2

Objetivo: identificar a existência de grupos sociais e relacioná-los ao espaço físico. Os alunos assistirão à sequência da novela, tal como foi gravada pelo professor. Em seguida, em grupos, deverão responder às perguntas:

a) De que forma a história é contada? Como se fica sabendo dos acontecimentos? (Os alunos irão perceber que não existe um narrador, que os diálogos informam as situações, que as personagens fazem a história. Tudo é ação.)
b) Existem um ou mais núcleos ou famílias em cena? (Nessa questão, os alunos deverão identificar os elementos que formam as famílias – pai, mãe, tios, avós, agregados... –; os núcleos – personagens reunidas em ambiente de trabalho, por exemplo.)
c) Quais as diferenças entre os espaços físicos ocupados pelos núcleos ou famílias? (É importante que os alunos percebam se há ricos ou pobres e como o espaço mostra isso.)

Bloco 3

Objetivo: identificar as outras maneiras usadas nas novelas para identificar os grupos sociais.

Os alunos, em grupo, responderão, às seguintes questões:
a) Quais as diferenças entre hábitos e costumes das personagens? Como passam o tempo? Como se apresentam os trajes? Têm vícios? Quais? (Os alunos comentarão quais as atividades de lazer apresentadas, as roupas, os vícios – fumo, bebidas, drogas – e associarão esses dados ao grupo social.)
b) Como é possível determinar a classe social a que pertencem as personagens? Pelo modo de vida? Pelos ambientes que frequentam? Pela fala? Nessa questão, é importante que os alunos percebam quais são as variações no modo de falar.

Bloco 4

Objetivo: reconhecer a padronização na linguagem, bem como o preconceito nas novelas.

Nesse momento, é importante ocupar-se de aspectos ligados à fala das personagens. Como primeiro passo, alguns diálogos longos de importantes personagens devem ser transcritos para que os alunos identifiquem quem os disse.

Em seguida, os grupos respondem, assistindo mais uma vez à pequena cena escolhida para a transcrição:
a) Qual é o assunto tratado?
b) Em que situação esse assunto é tratado? Formal? Informal? A situação exige que a fala das personagens passe por um tratamento formal? Se exige, há esse tratamento? (O que ocorre nas novelas é que o comportamento das personagens é sempre padronizado. Como citou Aldaíza Sposati, em *12 faces do preconceito*: "Criam-se [na mídia] modelos de comportamento (...) para perpetuar padrões e categorias. Tais modelos são também verificados nas falas das personagens.")

Veja um comentário sobre as novelas *Terra Nostra* e *Torre de Babel*:

> Florence Carboni, tecendo uma comparação histórica entre a imigração italiana e a novela *Terra Nostra*, escreve "Há inúmeros equívocos linguísticos. Os imigrantes expressam-se mais nos seus dialetos do que no italiano gramatical. Portanto, serviam-se do *mi* e não do *io*, repetido *ad nauseam* pelos personagens globais. Também é paradoxal a questão dos nomes. Francesco – nome do banqueiro – conserva a grafia e a pronúncia de origem, enquanto os nomes de outros imigrantes abrasileiram-se inexplicavelmente. Mateo torna-se Matheu e Giuliana, Juliana." Nesse sentido, vale dizer que a televisão deturpa a realidade e, com isso, mostra-se preconceituosa e subestima a percepção de realidade do telespectador.
> Observou-se semelhante fenômeno de padronização da linguagem também em *Torre de Babel*. A personagem Sandrinha, moradora de um cortiço, tinha a mesma fala e linguagem que sua sogra, uma mulher tida como oriunda de família tradicional que valoriza a educação formal, preocupada com as aparências. Quando Sandrinha precisou se adaptar aos moldes de um outro grupo social, a preparação dada por sua sogra limitou-se às normas de etiqueta, como se essas fossem as únicas diferenças sociais.

Além disso, de um modo geral, nas novelas, as personagens misturam falares. Personagens cariocas falam como se fossem baianas, ou paulistas; baianos falam como cariocas. Em síntese, as variações regionais, sociais ou de situação de uso da língua são ignoradas, e são pasteurizadas como se todos falassem da mesma maneira em todo o país, em todos os grupos culturais ou em todas as situações.

Não se pode deixar de considerar que nem mesmo as gírias de grupos de jovens que praticam, por exemplo, um certo esporte aparecem nas novelas. Talvez, na tentativa de atrair um público cada vez maior, o que é marca cultural acaba sendo deixado de lado.

Assim, as novelas passam a transmitir um preconceito, pois colocam uma única variação como sendo a de todo o país. Do mesmo modo que alguns creem que a forma correta de se falar o português seja aquela ensinada pela escola, outros vão acreditar no padrão mostrado pela televisão.

Por isso, muitos deixam de votar, por exemplo, em Lula, alegando que ele é ignorante. E, quando solicitados para justificar tal declaração, alegam sua forma de falar, que não está sob as regras do modelo "global de televisão".

c) Como são as personagens desse diálogo? Jovens? Velhas? Instruídas?

d) Há termos ou expressões que deem pistas sobre as características sociais ou etárias das personagens? (Os alunos deverão buscar identificar os aspectos característicos das personagens: jovem, adulto, formal, informal, repetitivo, com marcas de oralidade... ou sem essas marcas. Provavelmente, os alunos não encontrarão as marcas, o que será natural, pois a tendência é produzir novelas sem que as personagens tenham seu discurso marcado. Pode ser interessante fazer um contraste com outra cena não transcrita. Por exemplo, uma situação que normalmente exige fala elaborada em oposição a uma situação que permite que se fale de modo mais informal.)

Bloco 5

Objetivo: perceber como a novela reforça o preconceito com relação à linguagem.

Ainda trabalhando com a fala, cada grupo irá gravar a resposta à pergunta "O que você pensa das novelas na tevê?" feita a pessoas de diferentes regiões, de diferentes profissões, em diferentes situações. Por exemplo, a pergunta pode ser feita a um morador de um estado que não seja aquele em que mora o aluno, a um profissional com escolaridade superior, a uma pessoa cuja relação exija formalidade. (É importante que os entrevistados sejam telespectadores assíduos de novelas. Também se deve ressaltar que os alunos deverão desprezar as respostas lacônicas, pois elas não permitirão o trabalho com os níveis de linguagem.)

O resultado desse trabalho será apresentado em classe para que haja um confronto com o que foi observado na novela. (Mostre a padronização das falas das personagens das novelas para que os alunos percebam que os entrevistados, ao responderem às perguntas, provavelmente revelarão muitas variações.)

a) As pessoas que você entrevistou falam da mesma maneira?
   (Para facilitar essa observação, seria interessante que as respostas de pessoas que têm pensamento semelhante e que sejam de grupos socioculturais diferentes, que venham de regiões diferentes da do aluno sejam confrontadas. Os alunos devem observar diferentes formas de falar.)

b) Você observou essas diferentes formas de falar em novelas? Discuta isso em grupo. (Os alunos devem discutir em grupo e observar se as novelas trazem essas diferenças. Dessa maneira, eles estarão prontos para perceber que nas novelas as falas são padronizadas. Vale a pena perguntar, depois, o que eles acham dessa padronização, o que eles acham que essa padronização causa nos telespectadores. É importante perceber que as variações nas novelas respeitam um padrão "global" de fala.)

Bloco 6

Objetivo: identificar os casos de discriminação presentes na novela.

Nesse bloco, retoma-se a noção de família a fim de enfocar as relações sociais e as discriminações. Para isso, apresente as seguintes questões aos alunos:
a) Como se dá o relacionamento em família? Caso haja mais de uma família, como elas se relacionam? Há respeito? Há discriminação? Qual? (Ressalte a imagem estereotipada de certos comportamentos: os homossexuais têm uma conduta que também não é tão frequente de se observar, os pobres moram bem, não têm problemas financeiros...)
b) Quais os grupos sociais e étnicos presentes na história? Verifique com seus alunos. (Se a novela tem seu enredo no eixo Rio-São Paulo, nos dias de hoje, será que os grupos étnicos dessa região aparecem na forma como a realidade é retratada? Além disso, associe negro/pobre; rico/branco, pois frequentemente essa é a relação passada aos telespectadores.)
c) Que grupos étnicos com que você convive não aparecem na novela? Será que esses grupos poderiam ou até deveriam estar aparecendo em cena? Por que isso ocorre? (Os alunos devem refletir sobre a ausência de certos grupos étnicos nas novelas que retratam a atualidade.)

Bloco 7

Objetivo: identificar o modo como é encarado o trabalho pelas personagens.
Refletindo sobre o trabalho e a forma como ele é apresentado nas novelas, os alunos deverão responder:
a) Quais as atividades a que se dedicam as personagens dessa novela?
b) Essas atividades fazem parte da vida do mesmo modo que das pessoas com quem você convive?
c) A maneira como essas personagens trabalham reflete a maneira como as pessoas trabalham? Reflita sobre isso. (Os alunos devem perceber que na novela o ambiente de trabalho é apenas um espaço a mais para auxiliar o desenvolvimento da trama.)

d) Como se apresentam as relações patrão-empregado? Essas relações são do mesmo modo que as da vida real? O que você acha da forma como as novelas apresentam a realidade? Será que isso é bom ou não? Reflita em grupo para obter uma conclusão. (É importante que os alunos reflitam sobre a forma como a realidade é mostrada nas novelas. Essa reflexão deve mostrar as discriminações, as falas homogêneas, as relações sociais e a forma como o trabalho é apresentado. Para isso, deixe os grupos discutirem numa dinâmica em que os membros de cada grupo se revezam para que as opiniões sejam efetivamente trocadas.)

Bloco 8

Objetivo: avaliar.

Os alunos, em grupo, escreverão uma carta à produção da novela estudada, contando sobre o trabalho que fizeram e elegendo questões que mereçam resposta acerca da forma como a realidade é tratada. Por exemplo, eles poderão perguntar por que novelas como as que se desenvolvem no eixo Rio-São Paulo não apresentam orientais na trama. Se for muito difícil escrever para a produção da novela, algumas revistas, como *Contigo*, costumam abrir algum espaço para perguntas sobre algumas novelas de sucesso. É claro, as perguntas não têm caráter político, mas o espaço foi criado e poderá ser usado com essa finalidade. No sétimo ano, essa revista e também esse espaço será motivo de trabalho de leitura.

Gibi Turma da Mônica

Justificativa: a escolha partiu da constatação da existência de grande contato das crianças com essa revista e do amplo alcance que ela tem em todo território nacional. Seria interessante, então, despertar os alunos para a leitura crítica de texto, por meio de um objeto simples, acessível e com o qual têm profunda familiaridade.

Passariam a reconhecer, assim, a possibilidade de estudar e de ter prazer nesse estudo.

Esses exercícios são um primeiro passo para que a criança possa, aos poucos, desenvolver a percepção para textos mais complexos ou para leituras mais aprofundadas.

Esse bloco foi pensado como complemento dos estudos anteriores com jornal e televisão, em especial com esta última, em um trabalho comparativo entre os meios, percebendo diferenças de linguagem e de intenção na mensagem. Portanto, faz-se necessária a realização desse bloco posteriormente ao trabalho com a tevê e o jornal. A aparente dificuldade colocada por essa proposta será eliminada no decorrer das atividades coerentes com a idade do aluno.

Pensamos que o exercício realizado por meio da retomada dos passos anteriores seria uma maneira interessante de construir, com maior clareza para a criança, uma análise do objeto. O aluno, portanto, partirá de um conhecimento já adquirido, o que lhe garante alguma segurança, para conquistar outro.

Quantidade de blocos: 5.

Organização das aulas (espaço/grupo): sala tradicional, de preferência com carteiras móveis para a formação dos grupos.

Providências do professor e da escola: comprar revistinhas variadas da Turma da Mônica (*Chico Bento, Cascão, Magali, Cebolinha...*). O trabalho será desenvolvido preferencialmente com esses gibis, no entanto, se não for de interesse dos alunos, nada impede que se faça uma pequena pesquisa sobre as preferências de leitura (de revistas!) na classe e se adapte o curso para esse novo objeto. O importante é que haja identificação do aluno com o objeto estudado.

Bloco 1

Objetivo: diferenciar a modalidade de texto (tanto na novela quanto no gibi há uma narrativa, o que não acontece com a maior parte do jornal); sensibilizar o aluno para as diferenças entre os textos trabalhados, por meio do reconhecimento objetivo das principais características de um e outro.

Divida a sala em pequenos grupos, distribua gibis variados para cada um, pedindo que os leiam, listando os diversos núcleos, sobre os quais se baseiam as narrativas (cidade, roça, floresta, tempo), para em seguida associá-los aos seus respectivos personagens. Por isso, é importante que se tenha grande diversidade de revistas!

Em seguida, faça com a classe, no quadro de giz, a listagem desses núcleos, ligando-os aos personagens:

Roça	Chico Bento Rosinha Zé Lelé
Floresta	Papa-Capim Cafuné

Cada grupo deve escolher um núcleo com o qual irá trabalhar. Se possível, evite repetições. Basicamente, são possíveis cinco grupos:
1. cidade
2. roça
3. floresta
4. pré-história
5. futuro/espaço

Cada grupo deverá ler as historinhas do núcleo que escolheu, levantando dados, por escrito. É importante que eles conversem e troquem informações entre si:
- Características/definição dos espaços – forma de trabalho, produtividade, destino dos produtos de cada região, efeito dessa forma de vida sobre a subjetividade das personagens.
- Características/definição das personagens – como falam, do que gostam, que idade têm, onde moram, que relação têm entre si, quais os desejos, qual a perspectiva de futuro.

Em seguida devem responder às questões:
a) De que forma a história é passada para você? Como você fica sabendo dos acontecimentos? (Aqui os alunos devem perceber que não há um narrador, mas apenas a reprodução da ação no momento em que ela ocorre. Os alunos podem chegar à ideia de que os próprios personagens contam; mostre que eles não contam, fazem a história. Isso pode acontecer pela percepção da existência de diálogos entre os personagens, que o informam sobre as situações.)
b) Você vê alguma semelhança entre o modo de contar uma história no gibi e no jornal? Há diferenças entre eles? Quais? (O aluno deve perceber que o jornal é objetivo, descritivo e muito pouco narrativo. Da mesma forma, as palavras usadas em um e outro apresentam diferenças – formal e informal.)
c) A novela, como o gibi, também conta uma história. Há alguma diferença entre eles nesse contar? (Vá formulando questões para o aluno, ajudando-o a chegar às constatações. Por exemplo: os universos retratados são os mesmos – adulto/infantil? Os assuntos são os mesmos? E assim por diante. Observe as diferenças enumeradas no quadro e peça que as anotem.)

Bloco 2

Objetivo: feito o reconhecimento concreto, levantar hipóteses que expliquem essa diferença. Falar um pouco sobre variação linguística, esclarecendo o preconceito do falar certo, mostrando a diversidade de falares (introdução para a leitura social do texto).
Certifique-se de que cada aluno tenha em mãos um gibi.
Retome com eles as constatações do bloco anterior, centrando-se na novela e no gibi (questão d). Reflita com eles sobre algumas questões, vá marcando no quadro de giz as respostas encontradas. Peça que copiem.
a) O público-alvo dos gibis e das novelas é o mesmo?
b) Há diferença na linguagem do adulto e da criança, portanto, em cada um dos meios?

c) Apesar de ser escrita, a linguagem do gibi é diferente da do jornal, como já foi visto. Isso porque há marcas da fala nas histórias em quadrinhos. Identifique algumas. (É importante que os alunos identifiquem formas variadas relacionadas aos diferentes personagens, por exemplo, do campo e da cidade.)

d) Visto que o gibi trata da língua oral, passada para o registro escrito, há diferenças nessas falas ou todos falam da mesma forma? E na novela, essa variação também aparece?

e) Há variação de assunto? Qual é o assunto tratado em cada núcleo?

f) Por que existem essas variações? (Os alunos devem chegar a perceber a existência da diferença social, regional, histórica. Mostre que a variação linguística vai além do sotaque, está no léxico, na construção sintática. Há ainda percepções diferenciadas da realidade.)

g) E por que na novela elas não existem? Onde se passa a maior parte delas? O que é que você acha dessa uniformização da língua? É errado falar diferente? Por quê?

Bloco 3

Objetivo: perceber a existência de classes sociais nas histórias de Mauricio de Sousa e qual sua intenção ao retratá-las de forma harmoniosa.

A partir das informações da aula, faça uma lista das diferenças constatadas em cada personagem e no meio em que ele vive. Responda:

a) O que você entende por classe social?

b) Todos os personagens pertencem à mesma classe social?

c) Onde se percebem as diferenças?

d) Essas diferenças fazem com que as personagens não possam conviver? (É possível que o aluno mostre uma variante regional como diferença de classe – por exemplo, quando Chico Bento se encontra com seu primo da cidade e desconhece objetos e lugares típicos da área urbana e da infância vivida nesse lugar, como shopping, videogame, *self-service* –, seria

interessante discutir as singularidades de cada lugar e como são importantes para ambas as partes, que aprendem mutuamente e, portanto, não causam impossibilidade/grande dificuldade de relacionamento. Aproximação tão grande não se verifica entre personagens de diferentes grupos sociais.)
e) Qual a diferença entre a novela e o quadrinho nesse aspecto social?
f) O mundo real é idêntico ao do gibi? Qual a diferença?
g) Qual seria a intenção de Mauricio de Sousa ao criar um ambiente assim?

Avalie a participação de cada um, certifique-se de que todos estejam acompanhando a aula, envolvendo-se nela de alguma forma.

Recolha a tarefa e avalie as respostas, verificando se há algum aluno sentindo dificuldades em acompanhar as discussões.

Bloco 4

Objetivo: mantendo a comparação com a novela, o objetivo desse bloco é analisar a macroestrutura do texto, que consiste em repetições com mínimas alterações de situações.

Refletir sobre as diferenças sociais, físicas e regionais com o intuito de levá-lo a transpor para a vida real o tratamento dado a essas diferenças nas novelas, nos gibis.

Bloco 5

Objetivo: avaliar.

O aluno deverá fazer dois pequenos textos, de um parágrafo, de acordo com as seguintes indicações:
a) Lembre-se de uma situação em que você tenha convivido com pessoas de classe social diferente da sua, o que aconteceu? Sua experiência foi parecida com a dos gibis ou a da novela? Conte o ocorrido em um parágrafo.
b) O que você acha do mundo em que vive? Há possibilidade de pessoas de todas as classes se relacionarem igualmente (baseie-se em suas próprias experiências)? Isso é bom ou ruim?

SÉTIMO ANO

Revistas dirigidas a um público masculino e a um feminino

Justificativa: muitas revistas fazem parte do universo de leitura dos jovens. Conhecer o que seu aluno lê é fundamental. Aqui, as sugestões de leitura referem-se ao público de São Paulo. Porém as orientações podem estar voltadas para as revistas que os alunos leem, pois elas respeitam um procedimento para encaminhar a compreensão desse gênero de publicação.

Como em outros gêneros, aprender a fazer perguntas ao que lê, contrastando as leituras, é passo fundamental. Alguns pontos de partida para a leitura de revistas são: a) comparar revistas similares de um mesmo mês ou semana – considerando a forma como elas são editadas, se são semanais ou mensais – para perceber que as matérias, artigos e temas são coincidentes; b) compreender os anúncios como forma de identificação do público-alvo; c) reconhecer que a revista é duplamente paga, pelo leitor que a compra nas bancas e pelas empresas que nelas anunciam seus produtos; d) perceber também que muitas matérias são também pagas, pois trazem, por exemplo, a moda que as jovens devem usar e onde podem encontrar a roupa que é anunciada.

Depois, a tarefa é comparar as revistas voltadas para garotos ou garotas, verificando os valores embutidos nessas linhas de publicação a fim de identificar em que medida a imprensa vende valores que devem ser aprendidos. Esses são os passos que recomendamos nessas publicações.

Primeiramente, é interessante refletir sobre as revistas partindo-se dos títulos.

Revistas voltadas para garotas

a) *Atrevida* é um nome formado pelo adjetivo que sugere uma postura diante da vida. Ao constatar esse significado, o jovem ou a jovem podem verificar se a revista de fato ensina a ser atrevida, se ela é mesmo dirigida a pessoas atrevidas. A revista em questão é elaborada com muita inteligência, pois atrai o público-alvo apresentando muitas sugestões para se guiar na vida. O número de matérias que divulgam produtos é superior ao de outras revistas, como a *Capricho*. Pode-se concluir que o maior atrevimento da revista é vender um produto em forma de matéria opinativa. Seja em matérias que ensinam como ficar cada vez mais linda, seja em sugestões de compras, a publicação revela o que consumir e onde encontrar os produtos. No entanto, ela atrai com alguns pontos interessantes para as jovens, por exemplo, uma seção de fãs-clubes.

b) *Capricho* é também uma revista feminina, cujo título refere-se a uma das qualidades que uma boa jovem deve ter: capricho. Pode também significar, de acordo com o dicionário *Aurélio*, desejo impulsivo, mudança imprevisível de conduta, inconstância, extravagância, teimosia, aplicação e dignidade. Desses significados, seria interessante que a classe discutisse em qual deles pensa quando se é convidado a associar o nome da revista a um significado. A partir dessa associação, os alunos podem inferir uma provável intenção dos editores que recentemente reergueram essa revista, ampliando o seu consumo.

c) *Todateen*: o nome da revista é um apelo à modernidade, uma mistura de inglês e português dá à publicação *status* de moderna, tal como muitas jovens desejam ser.

d) *Tititi* ou *Contigo*, entre outras tantas não objetivamente dirigidas a essa faixa etária, também são lidas por jovens, pois trazem um assunto de interesse feminino: as novelas e as fofocas dos atores. Nesse grupo, podem-se incluir publicações como *Caras* ou *Gente* etc. Verifique, antes de iniciar o trabalho, o que é lido pelas alunas ou interessa a elas.

Revistas voltadas para garotos

a) *Nintendo World*: como o próprio título da publicação sugere, a revista é uma grande propaganda dos jogos da Nintendo.

As matérias giram todas em torno dos jogos da empresa, apresentando lançamentos, jogos que a empresa prepara para o futuro. Até mesmo uma de suas reportagens "Garotas detonam na Nintendo", na edição da semana dos namorados do ano de 1999, apresenta garotas que se saem bem nesses jogos da empresa.

b) *Super gamepower*: a revista, como as outras desse gênero, apresenta os caminhos para se vencer as fases dos jogos. Trata-se de uma "cartilha" para aqueles que querem prosseguir nos jogos já adquiridos. Anúncios diretos e indiretos compõem o gênero.

c) *Playzine*: com blog e até edição gratuita na internet, também se volta para a divulgação de jogos, construindo anúncios indiretos. O blog, por exemplo, em setembro de 2010, trazia uma matéria sobre como os mineiros presos em mina no Chile passariam seu tempo à espera do resgate com PSPs que ganharam.

O objetivo dessa parte é perceber que há intenções claras em atrair, seduzir e formar a opinião do leitor. Portanto, condutas também são ensinadas.

Qual seria o melhor caminho para trabalhar com revistas no sétimo ano?

O ponto principal dessa leitura é desenvolver no aluno capacidade de elaborar perguntas: O que querem que eu faça? Como querem que eu aja? Do que querem que eu goste? Como fazem isso comigo? Fazer essas perguntas e obter respostas em grupo parece ser um caminho dessa leitura.

Quantidade de blocos: 6.

Organização das aulas (espaço/grupo): sala tradicional, de preferência com carteiras móveis para formar grupos.

Providências do professor e da escola: relacionar com os alunos as revistas que leem. Separar esses títulos por sexo e comprar vários exemplares por duas semanas ou meses consecutivos. Se o aluno não lê regularmente, mas se interessa por algum material, a publicação deve entrar como ponto de estudo. Lembre-se de que há publicações que podem ser lidas não em casa, mas no cabeleireiro, no dentista, em lugares frequentados pelos jovens. Ainda, um colega que assine uma revista pode emprestar com alguma regularidade a publicação para outro ler. Incluir revistas como *Playboy* pode também ser interessante a fim de se analisarem os aspectos da publicação e seu público-alvo. Embora seja uma revista para adultos, sabemos que ela chega às mãos de jovens.

Blocos 1 e 2

Objetivo: sensibilizar os alunos para o poder de sedução das publicações.

Para atingir esse objetivo, deixe os alunos, num primeiro momento, entrarem em contato com as revistas, lê-las quase que para se divertirem. É importante que todos estejam familiarizados com o material com o qual irão trabalhar.

Após esse contato informal, inicie o trabalho enfocando as chamadas de capa a fim de confrontar esse texto com o do sumário da revista e o da matéria propriamente dita. Cada grupo elegerá uma revista com a qual irá trabalhar.

1. A primeira tarefa é copiar em uma folha de papel a chamada da capa, embaixo, copiar o título da matéria, tal como aparece no sumário ou índice. Por fim, copiar o título da matéria como está na própria matéria.

Uma matéria em foco:

> Na revista *Capricho* (6 de junho de 1999), uma chamada de capa trazia o seguinte texto "Polêmica! Meninos que ficam com uma garota por causa de uma aposta". No índice, o texto já sofria alteração "Aposta quanto? Meninos que seduzem por aposta". Na matéria, o texto sofria novamente uma alteração: "Aposta quanto? Meninos e meninas que seduzem alguém só porque fizeram uma aposta com amigos". Na revista *Todateen*

da mesma semana, na capa lia-se: "Você é tímida? Tem medo de paquerar? Aprenda! Aqui tem um curso especial". No índice, o texto era: "Relacionamento: paquerar é fácil! Principalmente depois do curso que tem aqui." Na página 68, o título da matéria era "Aprenda a paquerar em cinco lições".

Nas revistas voltadas para os jovens do sexo masculino, as matérias opinativas sequer aparecem nas capas. O interesse maior é saber, por exemplo, como conseguir todos os comandos dos jogos. Constatar a inexistência de chamadas para matérias opinativas pode ser um ponto precioso para a análise do universo masculino.

2. A segunda tarefa é confrontar essas informações com os textos das matérias. Trata-se de tarefa longa, que deve ser iniciada em sala de aula e, se necessário, pois nem sempre há tempo para esse confronto em aula, o grupo poderá terminar em casa. Seria muito interessante que todas as chamadas fossem confrontadas a fim de se perceber que há manipulação grosseira dos textos de capa para vender a revista.

Um exemplo de confronto:

No texto da *Capricho*, embora o título da matéria tenha sugerido que meninas também fazem apostas, há muito mais casos de meninos apostando que meninas. Além disso, o enfoque ético da aposta é abordado como constrangimento que causa à menina, não ao menino e, além disso, não se recomenda buscar alternativas de divertimento. Parece normal apostar. Fica por conta do azar da jovem descobrir ser vítima das apostas. Além disso, o texto apresenta um grupo de garotos que apostam "ficar" com meninas feias. Há até uma camiseta com a sigla A.B.A., Associação dos Barranqueiros Assumidos.

Portanto, há uma pontinha de sugestão de que a aposta é um divertimento interessante. Na revista *Todateen*, o texto que inicia a matéria insiste na imagem de a mulher ter o dever de ser bela para poder atrair um jovem: "Como paquerar? Existe um curso só para isso? Pode até parecer estranho, mas existe sim. Uns procuram porque são tímidos, outros porque [,] apesar de bonitos e interessantes, na hora da conquista não conseguem se soltar e paquerar de verdade. Tem ainda aqueles que erram na dose (são extrovertidos demais, por exemplo)." Esse trecho mostra bem que um(a) jovem que não é bonito(a) não pode ser tímido(a), sobretudo se o texto for entendido a partir da chamada da capa. Mas, ao que parece, a chamada atrai o leitor, porque o curso em cinco lições é dirigido a quem não sabe paquerar. Por outro lado, as revistas voltadas para o público masculino podem servir de análise das chamadas para a descoberta de como vencer certas fases nos jogos. A objetividade com que se enfoca o assunto em questão nas revistas masculinas é bem maior. Os meninos sabem o que vão encontrar nelas quando as compram, porque as chamadas de capa se propõem a traduzir mais fielmente o conteúdo dos assuntos do corpo da revista.

Para casa: terminar a tarefa iniciada em aula, para verificar se as chamadas traduzem fielmente a intenção das matérias. Esse confronto permitirá que o aluno perceba também que muitas matérias deixam a ética de lado, impõem condutas e valores que só podem ser atingidos pelos fortes e bonitos, como se a beleza fosse tudo. Nas revistas masculinas desse gênero, a questão ética nem é assunto ou tema. Os jogos não põem em questão se matar ou morrer é ponto de discussão. O aspecto lúdico é o único em questão.

Bloco 3

Objetivo: comparar as matérias das revistas similares. Os grupos, reunidos em sala de aula, devem apresentar os temas abordados nas revistas. Para isso o levantamento anterior, mais uma complementação de assuntos que não estão em capa, deve ser suficiente. Nessa comparação, eles vão perceber que os assuntos tratados são basicamente os mesmos, pois uma revista concorre com a outra. Perceberão também que, se a revista tem um tema especial, como jogos, isso não ocorre. No entanto, nas revistas femininas, é quase uma regra a repetição.

Discutir sobre essa repetição pode ser interessante também para os jovens, pois eles estarão percebendo que o universo feminino, tal como a sociedade deseja apresentar, é mais restrito que o masculino. Inferências do contraste entre essas revistas podem ser bem-vindas.

Bloco 4

Objetivo: identificar as formas como os jovens são tratados nas diferentes revistas.

Para atender a esse objetivo, é interessante que todos verifiquem se os substantivos e os adjetivos que aparecem nos textos sugerem maturidade ou infantilizam. As revistas femininas, nessa idade, referem-se às jovens como meninas e aos jovens, como meninos. Já nas revistas dirigidas a garotos, o interlocutor se torna um "caro amigo", "piloto" ou "você". A conversa com o leitor é de igualdade, não há distinção etária.

Bloco 5

Objetivo: nesse bloco, sugere-se trabalhar com os anúncios.

Identificar e contar o número de páginas dedicadas à publicidade direta, os anúncios e endereços de lojas e fabricantes. Identificar e contar o número de páginas dedicadas à publicidade indireta, apresentadas em matérias como se fosse assunto de interesse, por exemplo, CDs mais ouvidos etc. Identificar e medir o espaço dedicado à publicidade em colunas, aquelas que não ocupam a página toda. Transformar esse espaço em páginas, contando as colunas e verificando quantas são necessárias para se montar uma página. Fazer o mesmo com índices, informação de edição ou da próxima edição, editorial. Calcular em percentual o número de páginas dedicadas a matérias livres ou mais livres da influência publicitária. Os alunos deverão verificar que cerca de 50% da revista feminina é vendida à propaganda. Nas revistas de games, essa relação é ainda mais gritante. As revistas estão inteiramente voltadas para a divulgação. Elas até fazem crer que o ideal seria a distribuição gratuita, pois ali se divulga qualquer *game*, os que já foram vendidos, os que estão em lançamento e os que serão lançados.

Bloco 6

Objetivo: avaliar a leitura das revistas.

Avaliação de instância pública: escrever uma carta, enviar um e-mail, mandar um fax para as revistas estudadas e elaborar perguntas acerca de questões éticas ligadas à conduta, à valorização do sexo feminino, ao consumo. Escrever para revistas dirigidas preferencialmente para o público masculino e solicitar explicação para a inexistência de matérias, sobretudo, por exemplo, em uma época em que se discute a influência dos *games* na conduta dos jovens. Ao que parece, aquele que divulga o produto nem sequer põe em discussão o assunto, ainda que para defender-se. Esses pontos podem gerar interessantes discussões em sala de aula.

Aguardar a resposta é também importante para finalizar a atividade. Até mesmo discutir o assunto, caso a carta não tenha sido respondida, ou discutir em sala de aula a resposta obtida.

Rótulo

Sobretudo nessa atividade, há a possibilidade de simplificar, de acordo com sua disponibilidade ou ainda de ampliar, fazendo trabalho com o professor de Ciências. As inúmeras perguntas podem ser reduzidas, pois a tarefa mais importante, no nosso entender, é sensibilizar o aluno para que ele não seja um consumidor desatento. Nesse sentido, se a sua disponibilidade ou a da escola restringir o trabalho, procure desenvolver as técnicas de leitura, de questionamentos para que o aluno se habitue a fazer perguntas e a buscar respostas por ele mesmo.

Justificativa: os rótulos fazem parte do universo de leituras de circulação social. Eles trazem informações importantes que precisam ser decodificadas pelos alunos não apenas em seu conteúdo, para saber compreender termos e expressões técnicas, mas também, de maneira crítica, no plano das técnicas de produção de texto empregadas na tentativa de ludibriar o consumidor. Assim, o objetivo fundamental é perceber que há intenções claras, omissões e informações pouco elucidativas nos textos que apresentam os produtos.

Primeiramente, é interessante classificar os rótulos pelo tipo:

a) Pequena etiqueta de produtos embalados no próprio estabelecimento em que são vendidos, como certos queijos em supermercados. Essas etiquetas de supermercados merecem mais atenção ainda e deve-se desconfiar de suas informações porque elas ignoram, ao serem elaboradas, a validade do produto. Por exemplo, um salame cortado pode ter sua validade vencida no dia do corte, mas como os supermercados normalmente dão três dias de validade, esses dias se acrescem no salame. Se o produto embalado for muito sensível, como frios elaborados a partir de miúdos, a data não respeitada pode causar intoxicação. Discutir esses aspectos com os alunos é importante.

b) Etiquetas, invólucros e autoadesivos colocados pela própria indústria em produtos comestíveis. Desconfiar de omissões e de informações imprecisas é o passo para a leitura desse tipo de informação. (A mesma observação feita aqui pode se transportar às traduções de rótulos de produtos importados. Atente também para o fato de etiquetas cobrirem informações importantes.)

O ponto principal dessa leitura é desenvolver no aluno capacidade de elaborar perguntas relevantes para o produto que será consumido. Cada produto merece um tipo de pergunta que os alunos precisam aprender a fazer. Além disso, as perguntas também dependem de quem vai consumir o produto. Uma pessoa alérgica ou diabética precisa ser mais cautelosa diante das informações que procura nos rótulos dos produtos que irá consumir. Buscar conhecer o produto e o consumidor, ponderar sobre esses dois pontos é passo fundamental na leitura dos rótulos.

Quantidade de blocos: 6.

Organização das aulas (espaço/grupo): sala tradicional, de preferência com carteiras móveis para formar grupos.

Providências do professor e da escola: coletar rótulos dos mais variados tipos de produtos.

Além de o aluno trazer para a sala de aula, a pedido do professor, material para essa tarefa, é importante que a escola providencie variedade de rótulos, de embalagens, latas, etiquetas, vidros, caixas... enfim, todo tipo de material com informações para o consumidor. Embalagens de produtos dirigidos à faixa etária do aluno também podem ser muito interessantes. Por isso, descobrir o que ele consome pode ser o primeiro passo. Produtos consumidos pelos pais dos alunos é outra providência.

Blocos 1 e 2

Objetivo: sensibilizar os alunos para a importância das informações colocadas nos rótulos.

Para atingir esse objetivo, peça para os alunos encontrarem informações intrigantes nas embalagens, comparando embalagens de produtos similares. Por exemplo, no ano de 1999, as embalagens de leite vendidas em São Paulo, das marcas Xandó, Parmalat e Fazenda não apresentavam informações homogêneas quanto à validade. Apenas um deles, Parmalat, trazia a data de vencimento marcada também pela hora, o leite Xandó estendia a validade por mais tempo, de quatro para sete dias. É possível trabalhar também com as noções de açúcares. O Ovomaltine tem em um de seus produtos a informação: não contém açúcar. Embora faça crer com essa informação que alguém que não tolere o açúcar, a sacarose, possa consumir o produto, entre os seus ingredientes, há o mel, dextrose.

1. A primeira tarefa é decodificar os aditivos mais comuns e a validade. Para isso, inicie a aula perguntando:
   a) Quem encontrou os seguintes códigos?

	características	produto	código	intolerância	encontrados em
conservantes	impedem ou retardam a alteração dos alimentos provocada pelos micro-organismos ou pelas enzimas	ácido benzoico	P. I	provocam alergias, distúrbios gastrintestinais	geleias artificiais, legumes e verduras desidratados, sucos de fruta, vinagres, vinhos, xaropes, pós para sobremesa e sorvete, recheios e revestimentos de biscoitos
		ácido bórico	P.II	esses ácidos devem ser usados em baixas quantidades para não afetar o organismo	
		ácido sórbico	P.IV		
		dióxido de enxofre	P.V	reduzem o nível de vitamina B_1 nos alimentos e, nos animais de laboratório, aumentam a frequência de mutações genéticas	
		oxitetraciclina	P.VI	desenvolve resistência nas bactérias	
		nitritos	P.VIII	há uma recomendação de uso restrito porque potencialmente oferece risco à saúde	
corantes	dão cor ou intensificam a cor do produto	naturais	C.I	provocam reações alérgicas, podendo intoxicar o feto ou podem ter efeito teratogênico, ou seja, podem fazer nascer crianças-monstro	pós para pudins, produtos de confeitaria, recheios desses produtos
		artificiais	C.II		
antioxidantes	inibem a oxidação que deteriora os alimentos	ácido ascórbico	A.I	deve ser usado com restrições. Esse ácido diminui a taxa de nitritos ou nitratos e inibe a nitrificação	cervejas, conservas de carne, farinhas, margarinas, óleos, refrescos e refrigerantes
		ácido fosfórico	A.II	há um limite de ingestão diária	
acidulantes	intensificam ou dão gosto ácido aos alimentos	ácido cítrico	H.II	o uso não sofre restrições	maioneses, doces, conservas de vegetais, laticínios, geleias
		ácido fosfórico	H.III	aumenta a ocorrência de cálculos renais	
		ácido lático	H.VIII	há um limite de ingestão diária	
		ácido tartáreo	H.IX	há um limite de ingestão diária	
aromatizantes	dão o aroma característico	essências naturais	F.I	provocam alergias, retardam o crescimento e, em animais de laboratórios, provocam câncer	balas e similares, biscoitos, bombons, pós para pudins, refrescos, sorvetes
		essências artificiais	F.II		
estabilizantes	ajudam a manter a emulsão ou suspensões	goma	ET.II	deve ser usada em baixa quantidade	sorvetes, margarinas, doces, maioneses, bebidas
umectantes	umedecem ou mantêm a umidade dos produtos	dioctil sulfoccinato de sódio	U.III	provocam distúrbios gastrintestinais e comprometem a circulação pulmonar	certos bolos, pães
edulcorantes	adoçantes artificiais	sacarina	D.I	causam câncer na bexiga de animais de laboratório	produtos considerados dietéticos

77

As informações apresentadas no quadro são ainda insuficientes diante do que se deve saber. Um trabalho com o professor de Ciências pode complementar esse quadro. É possível ainda rever os males que causam ao homem produtos de uso veterinário cujo resíduo permanecem nos derivados animais. Ou os produtos agrotóxicos cujos resíduos permanecem em alimentos.
    b) Verificar se os produtos consumidos frequentemente pelos alunos contêm esses produtos químicos.
    c) Verificar se há necessidade de se consumir produtos com essas composições. (Pode ser interessante analisar com a classe a possibilidade de se fabricar em casa muito do que se consome: iogurtes, queijos, doces, sorvetes são facilmente produzidos em casa. Talvez seja interessante levantar receitas.)
2. Decodificar os ingredientes do produto alimentar industrial: glúten, açúcar invertido, farinhas...

Para casa: recolher o maior número de embalagens: de leite em pó, longa vida e fresco; de enlatados; de produtos embalados em celofane; sacos plásticos; caixas; de produtos etiquetados no próprio supermercado etc.

Bloco 3

Objetivo: levantar dúvidas geradas pela leitura do material coletado em sua própria casa. Para isso, é interessante confrontar produtos similares de diferentes produtores. Leites de diversas marcas, sendo eles do mesmo tipo, por exemplo, fresco, pode ser um gerador de dúvida acerca da validade. Os alunos podem começar a se questionar sobre a forma como esses leites são tratados nos laticínios. Essas dúvidas devem dar a eles a possibilidade de, mais tarde, elaborarem uma carta de esclarecimento, ou, pelo menos, uma consulta pelo telefone ao Serviço de Atendimento ao Consumidor.

Esse confronto deve levar em consideração alguns pontos. Veja a seguir algumas sugestões do que pode ser discutido com os alunos:

a) Data de validade (confronto das datas de validade).
b) Ingredientes e aditivos alimentares (confronto da necessidade de se incluir ou não certos aditivos).
c) Procedimentos para conservação: temperatura ideal, na embalagem ou fora dela etc.
d) A diferença entre conteúdo líquido e conteúdo bruto.
e) A distinção entre produtor e distribuidor.
f) A responsabilidade do distribuidor e do vendedor na conservação dos alimentos.
g) A informação *contém aproximadamente* atrelada à forma de produção; a noção de aproximação de informação.
h) Facilidade/dificuldade de leitura das informações.
i) Informações que não podem ser decodificadas (Por exemplo, na Sopa Natural, produzida pela Nutrinat, no ano de 1999, havia uma informação em vermelho: "Obs.: alimentação sadia tem de ter equilíbrio proporcional de sódio-potássio, mais ou menos 7 partes de potássio, para 1 parte de sódio." Essa informação não é suficiente porque não se sabe a que corresponde 1. Trata-se de informação que gera dúvidas: 1 de quê? Microgramas? Quilogramas? Qual é a necessidade diária por adulto?)
j) Textos que seduzem ou induzem o consumidor (Por exemplo, bolachas que fazem apelo à receita antiga, mostrando ao consumidor a forma como era fabricada, sugerindo que ela continua sendo fabricada da mesma maneira; ou ainda, apelos de produtos naturais ou em moda, como fibras. Até mesmo a sintaxe é alterada: na bolacha Triggy, alguns ingredientes são apresentados da seguinte maneira: "aveia integral, farelo de trigo, contém fibras". O destaque dado às fibras se deve a importância que elas assumiram recentemente.)
k) Os produtos podem ser abertos com facilidade?
l) A embalagem dá garantia ao consumidor de que é inviolável? Cabe julgar a importância dessa garantia.
m) Consta no produto o número do registro no Ministério da Agricultura ou do Ministério da Saúde? (Se não constar, é bom discutir com a classe a possibilidade de nunca o consumir.)
n) Traz o telefone de contato para o consumidor que deseje tirar dúvidas sobre o produto?

Feito esse levantamento, os alunos devem anotar suas dúvidas e as formas como poderão esclarecê-las. Se a dúvida exigir conhecimento, a própria escola, um professor de Ciências, pode ser o caminho. Se exigir informações complementares, os alunos poderão entrar em contato com as indústrias por meio dos telefones ou sites – quando houver, pois há ainda muitos produtos que trazem apenas o endereço da indústria, e nesses casos a única saída é a tradicional carta – para esclarecer suas perguntas.

Os textos devem apresentar o contraste feito por eles, porque esclarecerá sobre a origem da dúvida, pressionando o interlocutor a responder.

Esperar a resposta e quando não a obtiver, será interessante tomar uma iniciativa.

Bloco 4

Objetivo: identificar os recursos de sedução do produto.

Nessa parte, recomenda-se enfocar as informações que seduzem o consumidor: "Direto da fazenda Itambi", no leite Parmalat, é uma informação que faz supor ser o produto mais natural do que os outros. O próprio nome fantasia "Fazenda" já dá destaque ao tom natural.

Bloco 5

Objetivo: trabalhar com as intoxicações alimentares. Não se pode abandonar a relação entre o produto e o consumidor. Para tanto, sugerimos alguns passos:
a) Reconhecer as causas de intoxicações alimentares. (Normalmente, as causas se devem à contaminação dos alimentos que pode se dar pela presença de bactérias, fungos, agrotóxicos ou resíduos de indústrias. Também pode ocorrer devido à intolerância do consumidor aos ingredientes do produto. Assim, a forma como são conservados antes e depois de abertos é muito importante. Discutir com a classe esse aspecto é fundamental. As dúvidas levantadas aqui podem também servir de apoio à carta que o aluno fará para a indústria.)

b) Levantar, na família, as doenças mais comuns, como hipertensão, diabetes, úlceras e elaborar um quadro em que apareçam as doenças e os produtos que devem ser evitados. (O papel do professor de Língua Portuguesa seria o de verificar se os textos das embalagens dos produtos esclarecem quem pode ou não consumir. Além disso, pode-se verificar se esses textos das embalagens alertam sobre o risco de se consumir determinado produto sendo o consumidor – ou tendo sido – portador de alguma doença. Por exemplo, não se recomendam certos adoçantes artificiais a pessoas que tiveram câncer.)

doenças	produtos a serem evitados
diabetes	sacaroses...
hipertensão	sal de cozinha

Elaborado o quadro, é interessante que o aluno verifique, nos rótulos coletados, os ingredientes que não devem ser consumidos por seus familiares. Assim, o aluno perceberá que nem tudo pode ser comprado para o consumo.

Bloco 6

Objetivo: avaliar.

Sugerimos ainda que sejam trabalhados, em sala de aula, em forma de debate, os procedimentos ante as irregularidades. Os alunos – sob orientação do professor – devem discorrer sobre as formas possíveis de reação depois de constatadas as irregularidades, levando-se em conta as responsabilidades sobre o produto: indústria e vendedor. Pode também ser interessante, nesse momento, pesquisar em grupo, os órgãos que defendem o consumidor, bem como do próprio Código de Defesa do Consumidor e do Código de Embalagens.

Anúncios vinculados ao programa exibido

Justificativa: dando continuidade ao trabalho de análise da publicidade, escolhemos, nesse estágio, reduzir o foco a fim de dar mais ênfase a relações mais sofisticadas entre televisão-anúncio-espectador. Nesse bloco vamos trabalhar com os intervalos das novelas, em diferentes horários e canais, complementando o estudo da novela feito anteriormente, buscando um novo ponto de vista.

O trabalho do sexto ano consistia na apreensão dos elementos mínimos para o entendimento dessa forma de comunicação (Professor, se o seu trabalho estiver se iniciando no sétimo ano, consulte os conceitos elementares no material do ano anterior). Com o sétimo ano, o objetivo é a percepção de intenções não só do anunciante, como também da televisão, que se beneficia da propaganda sob vários aspectos. É importante que haja esse reconhecimento para que o espectador possa desenvolver olhar crítico e ativo diante do que vê.

A televisão tem caráter hipnótico e apassivador, que muitas vezes faz com que nem sequer reparemos no que estamos consumindo. No entanto, a mídia não cria no vazio, mas sob estruturas já existentes. Portanto, não foi a tevê que criou a sociedade de mercadorias descartáveis, mas foi ela que imprimiu formas mais sofisticadas de sedução aos consumidores. Cabe à escola auxiliar no desvelo dessa estrutura de manipulação.

Quantidade de blocos: 6.

Organização das aulas (espaço/grupo): sala tradicional, de preferência com carteiras móveis para a formação de grupos.

Providências do professor e escola: acompanhar os alunos nas tarefas designadas para que haja troca real de ideias durante a exposição da pesquisa (o procedimento será mais bem esclarecido adiante).

Bloco 1

Objetivo: colocar os alunos em contato com a matéria a ser discutida, organizando-os para a pesquisa em grupo.

Fazer breve revisão dos conceitos elementares de propaganda para assegurar a base do trabalho (ver sétimo ano – *anúncio* e *televisão*). Em seguida, dividir a classe em quatro grupos, incumbindo cada um das seguintes tarefas:

- Grupo 1: anotar três blocos de anúncios durante a novela das seis da rede Globo, durante três dias;
- Grupo 2: anotar três blocos de anúncios durante a novela das oito da rede Globo, durante três dias;
- Grupo 3: anotar três blocos de anúncios de uma novela do SBT em um dos dois horários já sugeridos, durante três dias;
- Grupo 4: anotar três blocos de anúncios da Record, em um dos dois horários já sugeridos, durante três dias;

Há ainda a opção de trabalho com a rede Bandeirantes, se houver interesse e necessidade.

A anotação consiste em breve descrição do filme publicitário marcando as seguintes características:
- Produto
- Marca
- Protagonista do anúncio (É alguém conhecido? Ator ou atriz de alguma emissora de televisão? Por exemplo, a campanha das sandálias Havaianas é sempre estrelada por atores da Globo que estão em alguma produção recente da emissora. Se não for ninguém conhecido, peça que os alunos pensem na idade ou na ocupação de quem anuncia o produto, em alguma característica marcante do protagonista: o sabão em pó Omo, normalmente, é anunciado por uma dona de casa, os anúncios de creme dental Close-up mostram apenas jovens...)
- Cenário (é praia, laboratório, casa...)
- Público-alvo de cada anúncio

Os alunos podem dividir as tarefas entre si, ficando cada integrante encarregado de anotar uma ou duas características dentre essas enumeradas.

Blocos 2 e 3

Objetivo: refletir sobre algumas características dos anúncios vistos, a partir de percepções a respeito de público-alvo.

Os alunos deverão trazer a primeira etapa da pesquisa concluída, com a listagem dos anúncios e suas descrições. Peça que respondam às seguintes questões:

1. Com a descrição em mãos, é possível estabelecer um público-alvo predominante no horário que você analisou? Qual é?
2. Por que você acha que existe esse direcionamento? (Aqui os alunos podem chegar a inúmeras conclusões, mas o mais interessante é que comecem a fazer a relação entre o horário, o programa e, portanto, o estabelecimento do público-alvo.)
3. Existe alguma pista que indique a classe social predominante de quem consome os produtos anunciados? Que pistas seriam?
   (O interessante aqui é estar pensando no tipo de produto, na imagem veiculada, no cenário, acessórios que acompanham o produto ou a ideia que deseja transmitir.)
4. Escolha um anúncio e verifique detalhadamente qual é o perfil do público-alvo do anunciante, inclusive a classe social que ele deseja atingir. Em seguida, reflita sobre qual seria o motivo da associação entre o produto que você está analisando e o grupo de consumo. (Analise com cuidado as respostas, pois muitas vezes o anunciante usa imagens do estereótipo da elite – pessoas brancas, loiras, sorrindo, com boas roupas – com o intuito de criar uma imagem de desejo para o consumidor de baixa renda, associando ascensão social ao produto à venda, ou com o intuito de fazer outra classe social, mais privilegiada, consumir o produto.)

Cada grupo deve, na sequência, apresentar para a classe suas primeiras conclusões a respeito de público-alvo. Ao longo da exposição, vá marcando no quadro de giz as conclusões dos alunos, dividindo a lousa pelo número de grupos com os horários e canais com que cada um trabalhou. Ao final, todos terão o primeiro quadro comparativo da pesquisa. Peça que todos copiem em uma folha à parte (em sulfite ou almaço), que eles deverão trazer ao longo de todo o trabalho e que irá se completando aos poucos.

Bloco 4

Objetivo: analisar comparativamente um dia de anotações, observando os três blocos de anúncio, focalizando os produtos anunciados.

Cada grupo deverá escolher um dia de anotação e fazer comparação entre os três blocos assistidos, notando as seguintes características:

a) Qual é o tipo de produto que mais aparece no horário e canal com que você está trabalhando? (Tente separá-los em grupos: produtos de limpeza, carros, remédios, propaganda política, supermercados...)
b) Existe uma relação entre o público-alvo que você já descreveu e os tipos de produto que aparecem? Qual seria?
c) Aparecem dois anúncios ou mais de mesma marca ao longo de um programa?
d) E de um mesmo produto? (Por exemplo, no dia 29/06/99, durante a novela das seis – *Força de um desejo* – foram três os anúncios de sabão em pó, cada um em um bloco, de diferentes marcas: Omo, Ace, Ariel.)
e) Os produtos são anunciados em cada bloco na mesma proporção?
f) Existe algum esquema de organização de tempo, tipos de produto, ordem de aparição que se repete de bloco para bloco ou os blocos são feitos de forma aleatória? (Como no bloco anterior, anote na lousa as respostas e peça que copiem na mesma folhinha, preenchendo mais um pouco a tabela.)

Bloco 5

Objetivo: analisar comparativamente os três dias de gravação, com foco nos produtos anunciados.

Ainda com a pesquisa em mãos, peça que observem os três dias de anotação, respondendo à questão:

1. Existe grande variação nos produtos anunciados de um dia para outro? Quais são as razões para que isso aconteça ou não? (O professor e o aluno irão notar que a variação é mesmo rara. O importante é que a classe chegue à conclusão de que não há variação também do público-alvo e que a repetição é parte fundamental do mecanismo da propaganda para que ela seja eficiente. É interessante notar que os anúncios partem de determinados valores sociais e os reforçam; por exemplo, a eficiência de um sabão em pó é do interesse feminino, assim como um

carro do tipo "popular". A propaganda reflete o universo que é oferecido para cada um ou que lhe cabe na sociedade em que vive.)

Esta resposta será a última parte da tabela a ser preenchida.

Conclusão: discuta com a classe as respostas e constatações da questão anterior. Será que eles concordam com o lugar social designado e imposto para cada um? Uma mulher não pode se interessar por política ou um homem não pode querer saber das bactérias que são eliminadas com determinado produto de limpeza?

Bloco 6

Objetivo: avaliar.

Com a tabela pronta e a discussão feita, é hora de retomar o programa de televisão junto com os anúncios veiculados naquele horário. Para tanto, os alunos deverão estar atentos ao tipo de programa ou ao enredo da novela. Em seguida, deverão produzir um parágrafo respondendo: definir o público-alvo dos anúncios veiculados ajuda na descoberta do perfil do programa e de suas intenções? Por quê?

Modelo de tabela

	Grupo 1	Grupo 2	Grupo 3	Grupo 4
característica do público-alvo				
um dia de anotações (conclusões)				
três dias de anotações (conclusões)				

O humor na tevê

Justificativa: escolhemos o humor como objeto de estudo em razão da existência do conceito social de diversão ligado ao riso. Nos momentos de lazer, as pessoas escolhem alguma atividade considerada divertida, engraçada, ou ainda uma que tenha como base o ridículo.

Sabe-se que o ridículo, segundo os dicionários, é tudo o que é digno de risos. Está sendo ridicularizado quem transgride regras ou exibe uma forma de comportamento excêntrico. A pessoa que se engana ao enunciar um fato ou infringe as normas da lógica desencadeia uma reação imediata: o riso.

O objetivo desse trabalho é analisar as várias facetas do humor, fazendo com que o aluno tenha dele uma visão crítica a fim de se preparar para compreender melhor a mesma questão colocada de maneira mais sutil em certos programas de televisão, em forma de pequenos quadros.

Estudaremos os programas humorísticos apresentados na tevê, sempre presentes na programação, pois dão audiência ao mostrarem clichês, estereótipos, a forma mais fácil de comunicação com o espectador, uma vez que não há comicidade fora do que é humano. Tal estudo será acompanhado de momentos de reflexão sobre o humor propriamente dito. Analisaremos anedotas, charges, tiras e crônicas.

Quantidade de blocos: 7.

Organização das aulas (espaço/grupo): sala tradicional, de preferência com carteiras móveis para formar grupos, aparelhos de tevê, vídeo e gravador.

Providências do professor e da escola:
- gravar uma sequência humorística de um programa de tevê;
- transcrever a sequência e providenciar cópias para os alunos;
- escolher uma charge extraída de jornal ou revista;
- recortar uma sequência de uma tira de quadrinhos;
- escolher crônicas de autores consagrados, como Luis Fernando Verissimo, Fernando Sabino, e providenciar cópias para os alunos.

Bloco 1

Objetivo: dar a noção geral do humor.

Fazer algumas perguntas aos alunos para que pensem sobre o que provoca o riso:
1. De que você ria quando era criança?
2. Do que ri espontaneamente?
3. Afinal, o que é humor para você? (Espera-se que os alunos apontem algumas características do humor que possam ser discutidas no grupo e percebam que o riso é a sanção para a transgressão de uma regra aceita.)

Bloco 2

Objetivo: enfocar o humor na tevê.

O professor escolherá, dentro de um programa humorístico de tevê, de grande audiência no momento, uma sequência para ser transcrita. Os alunos lerão a transcrição e, em grupo, responderão às questões:
1. É uma cena engraçada? Por quê?
2. Se é engraçada, em que se baseia o humor?

Ao descrever a cena para explicar em que se baseia o humor, certamente a discussão levará os alunos a identificarem os estereótipos, o preconceito, a grosseria, a ofensa e, talvez, o cinismo.

A seguir, os alunos assistem à gravação da mesma cena e respondem:
1. Há alguma diferença entre ver a cena e a leitura do texto escrito? Qual é essa diferença?
2. Se a cena pode ser considerada mais engraçada na tevê, qual é a razão?
3. A cena foi gravada com plateia ou no estúdio? Isso faz alguma diferença?
4. Deu para notar se havia alguém comandando o momento do riso? No caso de haver gravação com risada, em que momento ela foi encaixada? (Mostrar que o comando do riso é forçado, pois pretende provocar uma reação no público e também no telespectador.)

Bloco 3

Objetivo: abordar as anedotas.
O professor pede a dois alunos que contem cada um uma anedota para a classe. Os alunos irão compará-las e responder:
1. Qual foi a anedota mais engraçada?
2. Onde está o humor de cada uma?
3. Em que se baseia o humor? É uma crítica? (Os alunos certamente encontrarão dificuldade em responder a essas questões. Dificilmente chegarão ao cerne do problema do humor, mas estarão tentando compreender os fatos geradores do riso.)

Com essas perguntas, os alunos deverão perceber que, conforme o caso, o humor está ligado a estereótipos, preconceitos, situações, costumes, momento político, pornografia. Esse é o momento indicado para explorar as ideologias implícitas. Sugerimos, se for o caso, que peçam aos adultos de seu universo que contem piadas que foram motivo de riso no passado, mas que eles, alunos, não poderiam compreender. Seria interessante que, nesse momento, esses adultos explicassem onde está a graça do que foi contado. Assim, uma das questões ligadas à piada poderá ser facilmente compreendida: o contexto. Tal sugestão pode estar articulada com a atividade sugerida no bloco 4.
Caracterizando o humor:

> Uma das características do humor é a brevidade, o espaço de tempo curto entre a produção e o riso. Além disso, de modo geral, as piadas se articulam com a duplicidade de significados, explorando a própria língua, bem como o contexto social em que a piada se insere. Desse modo, quem conta e quem ouve a piada, precisa reconhecer o contexto e o recurso de linguagem para rir. Se isso não ocorrer, o riso espontâneo não irá surgir. Pode-se rir para apenas não deixar de rir. Também não é raro que os fatos tratados em piadas sejam problemas para alguém. Ao ridicularizar uma pessoa, por suas características, por suas deficiências, por sua ingenuidade, estamos provocando

riso. Veja uma piada do populário: "A mãe, quando a tia está indo embora, dirige-se ao filho pequeno: – O que a mamãe ensinou você a dizer quando sua tia vai embora? A criança responde: – Graças a Deus!". Nesse caso, a ingenuidade da criança somada ao constrangimento da situação criada pela resposta é que caracteriza o humor. Desse modo, a compreensão da piada está na rapidez em perceber os múltiplos efeitos criados pela situação.

Bloco 4

A partir desse bloco, as atividades enfocam o humor em alguns textos, como charges, tiras, crônicas. Se houver tempo, será interessante prosseguir a abordagem com o humor. Deixamos algumas sugestões.

Objetivo: identificar o humor nas charges.

O professor deve apresentar a charge escolhida por ele aos alunos, solicitando que respondam:

1. Você achou engraçada a charge? Por quê?
2. Como essa charge seria entendida com o passar dos anos?
   (Ressaltar para os alunos a força do desenho e a falta de texto escrito. As charges são por excelência contextualizadas.)
3. Há diferença entre o humor encontrado nela e o da tevê e das anedotas? Qual?

É importante que os alunos percebam que a charge retrata um acontecimento político do momento e que, com o passar do tempo, haverá decréscimo no número de pessoas capazes de compreendê-la de imediato, sem explicações. É também interessante lembrar que o humor explicado compromete muito o riso, pois rir é também uma questão de tempo.

Bloco 5

Objetivo: identificar o que provoca o riso.

Nesse bloco, sugere-se trabalhar com tiras de jornais e revistas. Deixamos aqui uma sugestão de tira retirada da *Folha de S.Paulo*, de junho de 1999.

O que revela a expressão da personagem no primeiro quadrinho? E nos outros quadrinhos?

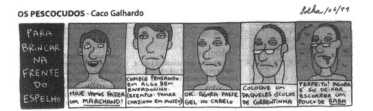

Os alunos irão perceber que há a necessidade de ter como referência o significado da palavra *marchand*, bem como as características atribuídas às pessoas que negociam objetos de arte. Somente a partir desse conhecimento é que o aluno pode inferir a intenção de nova significação, agora conotativa, do termo *marchand*. É preciso também chamar a atenção do aluno para o fato de que o leitor é quem realiza o humor.

Bloco 6

Objetivo: enfocar o humor em crônicas não marcadas pela contextualização histórica.

A primeira crônica sugerida enfoca uma situação não histórica:

Aula de inglês

Rubem Braga

— IS THIS *an elephant*?
Minha tendência imediata foi responder que não; mas a gente não deve se deixar levar pelo primeiro impulso. Um rápido olhar que lancei à professora bastou para ver que ela falava com seriedade,

e tinha o ar de quem propõe um grave problema. Em vista disso, examinei com a maior atenção o objeto que ela me apresentava. Não tinha nenhuma tromba visível, de onde uma pessoa leviana poderia concluir às pressas que não se tratava de um elefante. Mas se tirarmos a tromba a um elefante, nem por isso deixa ele de ser um elefante; e mesmo que morra em consequência da brutal operação, continua a ser um elefante; continua, pois um elefante morto é, em princípio, tão elefante como qualquer outro. Refletindo nisso, lembrei-me de averiguar se aquilo tinha quatro patas, quatro grossas patas, como costumam ter os elefantes. Não tinha. Tampouco consegui descobrir o pequeno rabo que caracteriza o grande animal e que, às vezes, como já notei em um circo, ele costuma abanar com uma graça infantil.

Terminadas as minhas observações, voltei-me para a professora e disse convictamente:

— No, it's not!

Ela soltou um pequeno suspiro, satisfeita: a demora de minha resposta a havia deixado apreensiva. Imediatamente me perguntou:

— Is it a book?

Sorri da pergunta: tenho vivido uma parte de minha vida no meio de livros, conheço livros, lido com livros, sou capaz de distinguir um livro à primeira vista no meio de quaisquer outros objetos, sejam eles garrafas, tijolos ou cerejas maduras – sejam quais forem. Aquilo não era um livro, e mesmo supondo que houvesse livros encadernados em louça, aquilo não seria um deles: não parecia de modo algum um livro. Minha resposta demorou no máximo dois segundos:

— No, it's not!

Tive o prazer de vê-la novamente satisfeita – mas só por alguns segundos. Aquela mulher era um desses espíritos insaciáveis que estão sempre a se propor questões, e se debruçam com uma curiosidade aflita sobre a natureza das coisas.

— Is it a handkerchief?

Fiquei muito perturbado com essa pergunta. Para dizer a verdade, não sabia o que poderia ser um *handkerchief*; tal-

vez fosse hipoteca... Não, hipoteca não. Por que haveria de ser hipoteca? *Handkerchief!* Era uma palavra sem a menor sombra de dúvida antipática; talvez fosse chefe de serviço ou relógio de pulso ou ainda, e muito provavelmente, enxaqueca. Fosse como fosse, respondi impávido:
— *No, it's not!*
Minhas palavras soaram alto, com certa violência, pois me repugnava admitir que aquilo ou qualquer outra coisa nos meus arredores pudesse ser um *handkerchief.*
Ela então voltou a fazer uma pergunta. Desta vez, porém, a pergunta foi precedida de um certo olhar em que havia uma luz de malícia, uma espécie de insinuação, um longínquo toque de desafio. Sua voz era mais lenta que das outras vezes; não sou completamente ignorante em psicologia feminina, e antes de abrir a boca eu já tinha a certeza de que se de uma pergunta decisiva.
— *Is it an ash-tray?*
Uma grande alegria me inundou a alma. Em primeiro lugar porque eu sei o que é um *ash-tray*: um *ash-tray* é um cinzeiro. Em segundo lugar porque, fitando o objeto que ela me apresentava, notei uma extraordinária semelhança entre ele e um *ash-tray.* Sim. Era um objeto de louça de forma oval, com cerca de treze centímetros de comprimento. As bordas eram da altura aproximada de um centímetro, e nelas havia reentrâncias curvas – duas ou três – na parte superior. Na depressão central, uma espécie de bacia delimitada por essas bordas, havia um pequeno pedaço de cigarro fumado (uma bagana) e, aqui e ali, cinzas esparsas, além de um palito de fósforos já riscado. Respondi:
— *Yes!*
O que sucedeu então foi indescritível. A boa senhora teve o rosto completamente iluminado por uma onda de alegria; os olhos brilhavam – vitória! vitória! – e um largo sorriso desabrochou rapidamente nos lábios havia pouco franzidos pela meditação triste e inquieta. Ergueu-se um pouco da cadeira e não se pôde impedir de estender o braço e me bater no ombro, ao mesmo tempo que exclamava, muito excitada:

> — *Very well! Very well!*
> Sou um homem de natural tímido, e ainda mais no lidar com mulheres. A efusão com que ela festejava minha vitória me perturbou; tive um susto, senti vergonha e muito orgulho. Retirei-me imensamente satisfeito daquela primeira aula; andei na rua com passo firme e ao ver, na vitrine de uma loja, alguns belos cachimbos ingleses, tive mesmo a tentação de comprar um. Certamente teria entabulado uma longa conversação com o embaixador britânico, se o encontrasse naquele momento. Eu tiraria do cachimbo da boca e lhe diria:
> — *It's not an ash-tray!*
> E ele na certa ficaria muito satisfeito por ver que eu sabia falar inglês, pois deve ser sempre agradável a um embaixador ver que sua língua natal começa a ser versada pelas pessoas de boa-fé do país junto a cujo governo é acreditado.

Para gostar de ler, v. II. São Paulo, Ática, p. 64-66.

Após ler a crônica para os alunos, pode-se perguntar:
1. Onde se passa a história?
2. Quem são os personagens?
3. Como você explicaria o humor apresentado?

Os alunos devem reconhecer o humor ligado a uma situação: um aluno tímido vê-se, de repente, na primeira aula de inglês, iludido com o conhecimento que não tem.

A segunda crônica sugerida enfoca um momento político:

> **Quem vai querer a ditamole?**
>
> *José Simão*
>
> Pérolas do dia! Nosso nome é Orestes, vulgo Quércia: "Sinto um cheiro de vitória no ar". Já sei, tava passando em frente ao comitê do Fernando Henrique! Rarará!

Brizola: "Bendita ditadura".Claro, já viu alguém dizer "Bendita ditamole"? Rarará. Brizola sente nostalgia da ditadura do Vargas. A Virginia Lane também! Rarará! E eu acho que vou aderir. Ao Brizola! Humorista vota em humorista! Rarará! Ele diz que o fhc não consegue distinguir entre um jequitibá e um pé de alface! E o único morro que não vota no Brizola é o Morro do Maluf, lá no Guarujá! Rarará! E bomba! Bomba! Frente de Adesão Popular Permanente informa: uma amiga me liga perguntando "se eu aderir ao fhc eu posso furar fila no banco?". Não! Porque a fila toda já aderiu! Rarará. Adesão é como curra – se é inevitável: relaxa e adere! Hoje no Brasil se der um maremoto o maremoto favorece o Fernando Henrique!
Aliás, o Waly Salomão aderiu há tanto tempo que já tá na hora de trocar o emplastro Sabiá. Rarará. Aviso aos aderidos: essa coluna não tem Erramos! Rarará. E tucano chic é como concerto no Cultura Artística. Finérrimos porém um saco! Rarará!
Enquanto isso o pt tenta descobrir os donos da derrota. Vitória só tem um dono, a derrota tem vários!
Aliás, como novo Ombudsman Nacional de Tucano aconselho: manéra no make do Don Doca! Cardoso tá a cara do Clodovil! Cardoso tá a cara da Clodoveia! Rarará! É verdade, ontem eu tava passando pela Av. Bandeirantes quando dei de cara com o outdoor dos dois: Fernando Henrique e Mário Covas. Aí eu desci do carro e pixei embaixo: Clodovéia e Dona Benta! Rarará!
E o nosso gerente administrativo das Marginais se chama Ricardo Teixeira. Homônimo do Muamba King da SBF, Sonegação Brasileira de Futebol. Vai pousar avião na Marginal? Rarará! Macaco Simão pra 94! E o povo pra 69! Ônestidade! Ônradez! E Ó Proceis!

In Jane de Almeida. *Achados chistosos: da psicanálise na escrita de José Simão.*
São Paulo: Escuta/Educ, 1998.

Após ler a crônica para os alunos, pode-se perguntar:
1. Onde está o humor desse texto?
   a) Nos nomes próprios modificados: Clodovéia.
   b) Nas referências a afirmações feitas em entrevistas, por exemplo, a de Brizola e Quércia.
   c) Nas definições incomuns, como vitória/derrota.
   d) Nos comentários sobre os aspectos dos candidatos: FHC e Covas.
   e) Na semelhança dos sons: CBF e SBF.
   f) Nos trocadilhos, como a ditamole/ditadura.

   O aluno vai notar a dificuldade de compreensão por causa das referências históricas. Além disso, pode-se também explorar a sonoridade das frases.

Bloco 7

Objetivo: avaliar. Trata-se de uma avaliação de instância não pública. Pode-se explorar alguns aspectos interessantes do humor.
1. Considerando que a falta de conhecimento impede que se ria de algo, o que a televisão poderia explorar para provocar o riso?
2. Já riram de você em algum momento que lhe tenha causado constrangimento?
3. Você se desagradou com isso? Explique.
4. Em algum momento, você percebeu que seu riso causou algum constrangimento a alguém? Explique como foi.
5. O humor pode atingir, de alguma forma, o próximo? Explique.

Redija um pequeno texto expondo seu pensamento sobre as questões levantadas.

OITAVO ANO

O humor nos programas de televisão

Justificativa: no sétimo ano abordamos o humor em seu aspecto geral para que os alunos pudessem ter certas noções que os levassem a analisar as situações de que estão rindo ou não, nas cenas dos chamados programas humorísticos.

Na sétima, vamos estudar os motivos que levam os espectadores a rirem das chamadas pegadinhas/videocassetadas em que se faz a exploração do humor por meio da agressividade entre as personagens.

Quantidade de blocos: 5.

Organização das aulas (espaço/grupo): sala tradicional, de preferência com carteiras móveis para formar grupos, aparelhos de tevê, vídeo e gravador.

Providências do professor e da escola:

Gravar cenas de agressão em programa de tevê, sobretudo aqueles que apresentem as chamadas "pegadinhas". Preferencialmente gravar cenas em que a agressão não seja física.

Escolher um filme clássico de humor: Chaplin, Gordo e Magro, ou outro, à escolha do professor, para comparar o filme com os atuais programas de tevê.

Bloco 1

Objetivo: sondar a preferência da classe. Verificar com os alunos as cenas que recentemente eles acharam mais engraçadas e solicitar deles uma justificativa. (Certamente o professor irá deparar com as cenas das pegadinhas ou videocassetadas.)

Bloco 2

Objetivo: constatar a agressão nas cenas de humor. Apresentar a gravação de uma cena de humor sem que haja agressão física, sem tapas e socos. (É a oportunidade de mostrar que também há agressão ao se expor uma pessoa ao ridículo, fazendo-a de boba.)

Os alunos responderão às questões após a apresentação da gravação:
1. É uma cena engraçada?
2. É agressiva? Por quê? (Provavelmente, ao tentar justificar o riso, os alunos não conseguirão explicar, farão apenas uma descrição do que viram. É interessante que se discuta essa dificuldade e se busquem justificativas, até mesmo para que cada um perceba a agressão.)

Para casa: os alunos deverão gravar em casa, em grupo, uma cena que considerem engraçada para mostrá-la para a classe. Em casa, devem responder às seguintes questões:
1. Por que acharam a cena engraçada?
2. Encontrando agressividade na cena, justifiquem em que ela consiste.
3. Como poderiam estar se sentindo os participantes da cena se ela fosse parte da vida real?
4. Como se sentiria cada elemento do grupo caso passasse pela mesma situação da cena gravada? (Qual seria a reação de cada um diante do riso de outras pessoas? É interessante que se mostre ao aluno que o riso vem da fragmentação da cena, sobretudo das cenas das chamadas "pegadinhas". O espectador não presencia as consequências dos fatos apresentados e ele ri sem pensar nelas. Se a cena fosse contextualizada, fosse mostrada em suas consequências, certamente o humor se perderia.)

Bloco 3

Objetivo: criar cenas de humor sem explorar a agressão.

Os grupos apresentam a tarefa feita em casa e a classe discute para chegar a uma conclusão sobre a fragmentação das cenas de humor.

Para casa: cada grupo deve montar uma cena de humor sem que haja agressividade física: sem tapas, socos. Não deve criar cenas em que haja xingamentos, ridicularização de alguém. Não deve explorar o preconceito. Em outras palavras, os alunos deverão criar cenas de crítica social e sentirão toda a dificuldade de elaborar um texto humorístico. Além disso, estarão aptos a perceber por que os programas de tevê exploram os filões de sucesso. As cenas serão preparadas para apresentação em classe. (Solicite a eles que não copiem nada de um autor. Dê estímulos para que procurem produzir eles mesmos suas cenas de humor.)

Bloco 4

Objetivo: apresentação da cena de humor. A classe discute a dificuldade e verifica se os grupos conseguiram atingir o objetivo proposto: ausência de qualquer agressividade.

Bloco 5

Objetivo: refletir sobre a possibilidade de criar humor socialmente saudável. Projetar para a classe um dos filmes escolhidos pelo professor. Após a projeção, os alunos deverão analisar a existência ou não de violência em comparação com as cenas já estudadas. Devem perceber que esses cômicos famosos faziam rir da tragédia da vida real e que, no caso dos chamados pastelões, o que estava em jogo era a habilidade mímica do ator. Nesse sentido, vale dizer que os supostos tapas e socos ganhavam graça pela habilidade, da mesma forma que a mímica de um palhaço.

Bloco 6

Objetivo: avaliar. A classe deve eleger um programa humorístico, a que todos assistirão, para discutir a exploração dos bordões e dos tipos, como, por exemplo, *A Grande família*, *Zorra Total*, *Pânico na TV*. Após a exibição, devem discutir em classe e escrever uma carta à produção perguntando a razão da agressividade e da insistência nos tipos e bordões.

Segundo o *Moderno dicionário da língua portuguesa Michaelis*, bordão é a palavra ou frase que se repete muito na conversa ou na escrita. Exemplo: "Ô Coitado!", "Cala a boca, Magda!", "Fala, mestre!".

Lendo *outdoors*

Justificativa: o *outdoor* como meio de comunicação e, principalmente, como propaganda tornou-se um problema grave, que precisa ser objeto de reflexão de todos os cidadãos. Nesse sentido, compreendemos que o estudo desse meio deveria ser parte obrigatória da formação de nossos alunos. Incluímos no conceito de *outdoor* os painéis eletrônicos. Especialmente nas grandes cidades, a presença maciça desses grandes cartazes tornou-se mais um empecilho à relação entre a cidade e seu habitante. Está cada vez mais difícil apreciar paisagens, espaços, construções arquitetônicas, ruas e pessoas na cidade. Ela deixou de ser espaço comum, e é justamente a percepção dessa mudança que iremos mostrar nesse bloco de estudos, procurando entender o que esse veículo representa para a sociedade.

Quantidade de blocos: 4.

Organização das aulas (espaço/grupo): sala tradicional, de preferência com carteiras móveis para a formação de grupos.

Providências do professor e da escola: nenhuma.

Bloco 1

Objetivo: atentar para a importância da clareza e da objetividade do discurso. Cada aluno deverá escolher um trajeto que faça com frequência (casa–escola, casa–igreja, estrada, percurso do metrô...). Ao realizá-lo, é preciso que anote os seguintes dados:

Pontos de referência que possam ser úteis para a descrição do trajeto:
- quantidade de *outdoors*;
- quais produtos anunciam;
- quem protagoniza os anúncios – breve descrição similar à feita no trabalho anterior com anúncios de tevê;
- prédios, espaços, paisagens que encobrem.

Fazer a descrição do trajeto que percorreu, como se ensinasse a um colega que o desconhece.

Bloco 2

Objetivo: refletir sobre a linguagem do *outdoor* e a definição de público-alvo para esse meio. Individualmente, deverão responder às seguintes perguntas: foi fácil reconhecer os produtos que estavam sendo anunciados nos *outdoors*? Por quê? A resposta deve estar relacionada à imagem, às frases curtas, aos atores que a protagonizam... Se o texto for longo faça-os pensar sobre qual seria o motivo – hoje, é comum anúncios que contam com o congestionamento das ruas, por exemplo.

1. Você já havia visto os produtos anunciados em algum outro veículo de comunicação? Qual?
2. Há alguma relação entre a velocidade de apreensão do produto anunciado e o fato de você já o conhecer? (Discuta com a classe a função do *outdoor* como reforço de campanha publicitária existente em outros meios.)
3. No seu trajeto há muitos *outdoors*? Por que você imagina que a quantidade seja essa?
4. Revendo suas anotações, é possível estabelecer um público-alvo para o conjunto deles? Por quê?

Bloco 3

Objetivo: refletir sobre a função do *outdoor*.

- Os alunos deverão organizar-se em pequenos grupos, escolhendo um trajeto que deverá ser lido para os colegas, justificando a escolha detalhadamente e melhorando-a se necessário.
- Ainda em grupo, deverão comparar entre si respostas das questões anteriores. Discuta com a classe as respostas, para que então possam responder às próximas:
1. É possível andar na rua e não notar a presença de *outdoors*? Por quê?
2. Você alguma vez já se sentiu incomodado por eles? Como e por quê?
3. Qual sua opinião sobre essa forma de propaganda? Acredita que ela seja eficaz e necessária para a venda dos produtos?

Bloco 4

Objetivo: relacionar o espaço urbano e o *outdoor* – causas e consequências da poluição visual. Em grupo, responder às questões ou apenas discutir com a classe:
1. O que é para você uma cidade? Como você poderia caracterizá-la? (É muito provável que as respostas se desviem da ideia de praças, paços, museus, parques e se encaminhem para movimento, muitas pessoas, shoppings, por isso é fundamental orientá-los e fazê-los refletir a respeito da ideia de cidade e de onde moram, fazendo um percurso histórico, por exemplo, em que se mostre ou descreva a cidade há alguns anos ou décadas. A dificuldade em definir uma cidade é produto imediato da degradação e da desvalorização do espaço comum, que cedeu lugar às necessidades individuais, como o consumo, daí a enorme quantidade de *outdoors*.)
2. Como era a vida de seus avós ou pais na cidade? Era igual à sua? Tente compará-las.
3. Houve alguma mudança na cidade que lhe tenha chamado a atenção? O que achou dela? Melhorou ou piorou o bairro? (Se os alunos não conseguirem pensar em nada, traga contribuições suas – a troca de experiências é importante nesse aprendizado.)

4. Você gostaria que sua cidade fosse diferente do que é? Como? O que falta nela? (Novamente a discussão do espaço público como algo necessário à vida comum é fundamental. Em tempos de privatização, é preciso que se esclareça a diferença entre público e sem dono, aproximando os alunos de valores comunitários, primeiro passo em direção à cidadania.)

Retomando as anotações que fizeram no bloco 1, os grupos devem se reunir e juntar em uma só lista todos os espaços, prédios e paisagens que estão sendo encobertos pelos *outdoors*. A partir disso, para a próxima aula, farão uma pequena pesquisa a respeito da área encoberta – verificarão se tem valor histórico ou se a comunidade a utiliza muito, se é bonita... O interessante não são os dados concretos de pesquisa, mas a atenção dispensada ao lugar.

Bloco 5

Objetivo: avaliar. Concluir a relação cidade-cartazes-cidadão. Depois da discussão, escrever uma carta a um jornal da cidade para expor as conclusões do grupo acerca da ocupação do espaço urbano.

Produtos anunciados *versus* produtos não anunciados

Justificativa: analisar os anúncios publicitários significa não apenas verificar o que entra na mídia, seja ela televisiva ou não, e o que não entra. Ou ainda, verificar o que entra na mídia especializada, como remédios em revistas médicas. Questionar esses aspectos é a tarefa dessa parte. Nesse sentido, vale dizer que é preciso compreender as mídias, seu papel social e como elas são usadas para fins comerciais.

Em primeiro lugar, é interessante refletir com os alunos sobre os tipos de mídia que eles conhecem e levantar possibilidades de uso delas.

1. A *televisão* é a mídia de maior alcance, pois atinge todas as classes sociais. Embora hoje em dia haja a tevê a cabo, a tevê aberta tem ainda grande papel social. Mesmo as famílias mais

abastadas podem estar assistindo a novelas. Deve-se considerar que a tevê por assinatura é muito recente e certamente, em termos de comparação, quase não faz parte do hábito do brasileiro. De qualquer forma, a maior parte da população está sujeita apenas à programação da rede aberta.

2. Os *jornais* e *revistas* não especializados, embora com grande tiragem, também não se comparam com a tevê aberta. Ler é uma atividade que requer tempo, disponibilidade psicológica, bem como interesse, e nem todos têm esse hábito enraizado. É fato, no entanto, a frequência com que se leem anúncios de encartes especializados em divulgar produtos, como os da revista *Veja*.

3. As *revistas especializadas* normalmente estão recheadas de anúncios dirigidos à classe de profissionais para a qual é editada. Essas publicações se encarregam de divulgar a mais nova tecnologia da área. Assim, em revistas médicas, são frequentes os anúncios de remédios; em revistas para dentistas, são frequentes os anúncios de equipamentos, de lançamentos de produtos para branquear dentes, entre outros.

4. O *rádio* é outro meio de comunicação de grande alcance. Hoje em dia, frequentemente, suas campanhas publicitárias estão atreladas às da tevê. Um *jingle* feito para a televisão ou um enredo narrativo podem ser retomados nas emissoras de rádio, como uma confirmação do anúncio cujo texto só pode ser verdadeiramente decodificado se estiver atrelado às imagens que já foram para o ar na televisão. É comum esse casamento entre as campanhas.

5. Os *folhetos, folders e malas-diretas*, com ou sem brinde, também fazem parte da mídia para a publicidade, muito frequentes nos lançamentos de produtos. Esse recurso é empregado desde para lançamento de prédios de apartamentos até para chocolates ou xampus.

O objetivo dessa parte é opor a presença de produtos na grande mídia, mesmo que não devam ser consumidos indiscriminadamente, como remédios e drogas lícitas, ou a ausência deles, embora os produtos não anunciados sejam de grande consumo.

O ponto principal dessa leitura é desenvolver no aluno percepção desse jogo entre o que se anuncia e o que não se anuncia, independentemente de o produto poder ser ou não consumido. Além disso, levantar com o aluno posturas a serem adotadas diante dessa característica das campanhas publicitárias.

Quantidade de blocos: 5.

Organização das aulas (espaço/grupo): sala tradicional, de preferência com carteiras móveis para formar grupos.

Providências do professor e da escola: nenhuma.

Blocos 1 e 2

Objetivo: sensibilizar os alunos para o discernimento do consumo. Para atingir esse objetivo, os alunos fazem um levantamento dos produtos que consomem em casa, perguntam a quem compra a razão da escolha feita. Depois, cada aluno verifica se o produto é ou não anunciado.

1. A primeira tarefa do aluno é copiar em uma folha de papel a marca dos produtos que entram em sua casa: cigarro, bebidas alcoólicas, papel higiênico, creme dental, sabonetes, perfumes, desodorantes, bolachas, achocolatados, leite, pães de forma ou industrializados, manteigas, margarinas, macarrão, farinhas, iogurtes, cremes, enlatados, guardanapos de papel, canudinhos, remédios caseiros, como merthiolate, sabão em pó e em pedra, detergentes, esponjas de limpeza etc. (Para dar conta dessa tarefa, os alunos devem, em suas casas, abrir a geladeira, os armários e anotar o produto e a marca de cada um deles, fazendo uma lista. Ao lado, deixarão um espaço para anotar a razão da compra.)

2. A segunda tarefa é perguntar a quem compra o produto a razão da escolha daquela marca. (É importante que o aluno não se limite a perguntar sobre a razão de o produto ser consumido. Pressupõe-se aqui que o produto tenha entrado na casa por necessidade, embora se saiba que isso nem sempre é verdade. Mas o trabalho inicial é com a marca. Esse

enfoque da necessidade de consumir será uma outra etapa. Perguntando sobre a marca, as respostas podem estar atreladas à qualidade do produto, à confiança, ao hábito de consumi-lo, bem como ao preço. Essa tarefa deve ser feita em casa, sob a supervisão do professor, que acompanhará as dificuldades encontradas pelos alunos. As aulas iniciais dessa parte podem ser um espaço para discutir essas dificuldades.)

Bloco 3

Objetivo: confrontar a lista elaborada pelos alunos com os produtos que são anunciados. Para tanto, a memória de todos pode ajudar. Sabemos que muitos produtos não são frequentemente anunciados, mas, de vez em quando, entram na mídia. O aluno separará os que estão sendo divulgados dos que não estão.

Bloco 4

Objetivo: confrontar os produtos (da lista elaborada por eles) que são anunciados e os que não são, determinando os que devem e podem ser anunciados e os que não devem e não poderiam ser. Tal procedimento fará o aluno perceber que em sua casa há muito produto que não é anunciado e é consumido. Portanto, a primeira conclusão a que ele pode chegar é que o anúncio não é tão necessário quanto ele pensa para que as pessoas consumam.

Os alunos são convidados a separar os produtos anunciados em duas listas: anunciados que podem ser anunciados e anunciados que não deveriam ser anunciados. Para tanto, perguntar sobre a adequação de se anunciar certos produtos e relacioná-los ao vício é interessante.

A lista de produtos não anunciados deve também ser dividida em dois blocos: os que poderiam e deveriam ser anunciados e os que não poderiam ser anunciados.

Nessa atividade, os alunos perceberão que há produtos que entram indevidamente na mídia de grande acesso público e produtos que não entram na mídia quando poderiam estar nela, muitas vezes porque nem sequer precisam ser divulgados, pois já contam com grande mercado consumidor.

Bloco 5

Objetivo: identificar as razões pelas quais produtos muito consumidos não são anunciados. Perguntar ao aluno sobre a razão de algumas indústrias não anunciarem seus produtos tão consumidos, como a caneta Bic, por exemplo. Ele deve perceber que há muitos produtos que têm consumo garantido e divulgação indireta.

Exemplos de produtos não anunciados:

A caneta Bic é anunciada indiretamente na medida em que ela aparece em vários anúncios como uma caneta comum de uso absolutamente popular. Portanto o consumo do produto é garantido indiretamente. Há outros produtos, como Ovomaltine, que não são anunciados porque suas indústrias não contam com estrutura para aumentar o consumo e não fizeram essa opção, contentando-se com o que já é consumido. Outras empresas anunciam esporadicamente e contam com o número de consumidores, bem como com a imagem que já têm no mercado. Chocolates da Kopenhagen, por exemplo, vendidos em São Paulo, dispensam propaganda.

Além disso, há produtos que não podem ser anunciados, como certos medicamentos cujo consumo depende de orientação médica. Seria interessante discutir com os alunos que conceito é esse de depender de orientação médica. Teoricamente, qualquer remédio só poderia ser consumido sob a orientação de um profissional. As indústrias, para safar-se dessa responsabilidade, uma vez que anunciam o que sabem não poder anunciar, embora a lei permita ou admita, acrescentam em

> seus anúncios a seguinte informação: se os sintomas não desaparecerem, procure orientação médica.
> Caberia, nessa instância da reflexão sobre os anúncios, uma discussão sobre certas propagandas de laxantes. É possível encaminhar junto com o professor de Ciências um trabalho sobre os efeitos dos medicamentos no organismo, até mesmo um simples medicamento para prisão de ventre. Além disso, é possível trabalhar com remédios para dor de cabeça como Doril, ou vitaminas como Cebion.

Bloco 6

Objetivo: avaliar. Produzir cartas, e-mails ou telefonar para o atendimento ao consumidor e perguntar às indústrias por que anunciam e não anunciam: dar preferência às que anunciam produtos que não deveriam ser anunciados e às que não anunciam o que poderia ser anunciado.

NONO ANO

Lendo os jornais por contraste

Justificativa: ler vários jornais propicia não apenas compreender a linguagem empregada, mas antes de tudo, confrontar as informações. A notícia não é a mesma em todos os suportes. Alguns jornais omitem informações, outros dão a entender a versão que desejam. Nesse sentido, o confronto entre os jornais de igual porte é um passo importante para a leitura deles.

O objetivo dessa parte é contrapor um jornal ao outro e sensibilizar o aluno para não acreditar deliberadamente em qualquer informação, sobretudo em dados, buscando ir além em suas leituras e fazendo perguntas sobre o que leu: se é a verdade integral ou parcial. Cabe bem lembrar que a Guerra do Golfo, que foi televisionada, fez crer que ninguém morreu nela. Tal crença vinha sobretudo de um canal de televisão que transmitia ao vivo os bombardeios. Desconfiar da informação, buscando confirmações é o objetivo desse trabalho, sendo o melhor caminho o de desenvolver a dúvida e a capacidade de fazer perguntas diante dos meios de informação.

Em época de eleição, esse trabalho ganha ainda mais clareza, sobretudo se os alunos confrontarem informações ligadas aos partidos políticos ou então aos programas de governo. Bem como se no momento em que o trabalho estiver sendo realizado, uma notícia nacional ou internacional abalar a opinião pública, será interessante incluir leituras de jornais de outros países. Quando o presidente Clinton esteve envolvido no caso de assédio sexual na Casa Branca, apenas jornais norte-americanos dedicavam espaço para comentar os efeitos internacionais do escândalo. Em uma determinada semana, o jornal *The New York Times* enfocou as consequências do caso no Brasil. Na mesma semana, as revistas nacionais ignoraram completamente as consequências internacionais de um *impeachment* de Clinton.

Tal trabalho também pode ser feito com revistas. Sugerimos apenas que os grupos que trabalhem com elas não trabalhem com jornais, mas participem da discussão final com a participação de todos.

Quantidade de blocos: 4.

Organização das aulas (espaço/grupo): sala tradicional, de preferência com carteiras móveis para formar grupos.

Providências do professor e da escola: o professor deve acompanhar as leituras dos alunos para verificar a veracidade dos confrontos.

Blocos 1 e 2

Objetivo: comparar jornais. Cada grupo compra em um mesmo dia da semana vários jornais. Por exemplo: *Jornal do Brasil, O Globo, O Estado de S. Paulo, Folha de S.Paulo*... Enfim, um número suficiente para o confronto, o que entendemos ser pelo menos quatro publicações.

Os grupos escolhem uma notícia com a qual vão trabalhar, para verificar alguns pontos acerca dessa notícia:

1. Em que página ou caderno a notícia aparece? (Caso a notícia não apareça em um dos jornais, tal fato deve também fazer parte da discussão. Os alunos devem discutir a importância da notícia para a nação, para a região onde o jornal circula... Enfim, devem perceber se não seria negligência política a ausência da notícia naquele suporte. Podemos lembrar que a guerra civil em Timor-Leste mereceu pouco ou nenhum espaço na mídia. A luta de uma nação, embora colonizada por portugueses, culturalmente próxima do Brasil, ainda que politicamente distante, não mereceu destaque durante algum tempo, o que aconteceu apenas quando o fato já não podia mais ser ignorado.)

2. Qual é o espaço dedicado à notícia? Considerar a página dedicada ao assunto é reconhecer o quanto o jornal dá destaque ou não à notícia. Considerar o espaço é também importante, porque revela o quanto aquele suporte está envolvido com o fato. (Número de linhas, número de colunas, imagens, fotos, gráfico... Deve-se considerar a presença de tudo o que compõe a notícia.)

3. Que diferenças e semelhanças há entre as notícias? (Esta é a etapa mais difícil porque exige dos alunos atenção quanto às informações dadas pelo jornal. Cada grupo deve extrair da notícia as informações e verificar em que medida elas estão correspondendo à notícia de outro jornal, em que medida elas estão sugerindo ao leitor inferências diferentes. Por exemplo, quando se noticiava, nos jornais de São Paulo, as irregularidades das indústrias farmacêuticas quanto à fabricação de remédios ou de pílulas anticoncepcionais, cada jornal dava a entender uma realidade diferente. Às vezes até jornais de um mesmo grupo davam focos diferentes à notícia. Uns traziam depoimentos do promotor envolvido, outros ignoravam esse depoimento e havia ainda aqueles que traziam em discurso indireto os depoimentos, acrescentando à fala palavras que não tinham sido do promotor. Ressalta-se aqui a importância de compreender os efeitos do discurso indireto nos jornais.)

Bloco 3

Objetivo: o objetivo desse bloco é que o aluno apresente as diferenças encontradas nos jornais estudados. Tal apresentação deve ser em grupo e contar com a participação de todos os outros colegas. Os alunos devem esclarecer o assunto tratado na notícia para deixar a classe familiarizada, devem apresentar um resumo sobre cada foco dado, devem dizer a data do jornal. A tarefa do professor é encaminhar a classe para que tire conclusões a respeito dessas diferenças, buscando desenvolver uma postura política para ser leitor da mídia em geral.

Bloco 4

Objetivo: avaliar. Produzir cartas, e-mails, enfim, entrar em contato com uma empresa jornalística para apresentar o confronto de informações, perguntando sobre a decisão do jornal de omitir um fato, de levar o leitor a tirar conclusões talvez precipitadas. A seção "carta dos leitores" pode ser o espaço ideal para uma avaliação de instância pública.

Lendo os telejornais por contraste

Justificativa: como no trabalho anterior, este se baseia na importância da leitura de telejornais por contraste. Valem também as mesmas recomendações: caso, no momento em que esse trabalho ocorrer, estiver acontecendo um fato de âmbito nacional ou internacional, o professor poderá recomendar que esse seja o assunto em pauta dos estudos. Continua sendo válido o objetivo de desenvolvimento da dúvida e da capacidade de questionamento diante dos meios de informação.
Quantidade de blocos: 3.
Organização das aulas (espaço/grupo): sala tradicional, de preferência com carteiras móveis para formar grupos, com recursos de mídia para a projeção das gravações.

Providências do professor e da escola: o professor deve acompanhar as gravações dos alunos para verificar a pertinência dos confrontos.

Bloco 1

Objetivo: identificar destaques no noticiário.

Cada grupo se divide na tarefa de gravar telejornais de um mesmo dia da semana. Portanto, cada aluno deve ficar encarregado de fazer a sua gravação. Uma solução para o caso dos alunos que não tenham aparelho em casa, seria o professor assumir essa tarefa. O importante é que sejam gravados diversos telejornais, de canais diferentes, mas de horários iguais, de preferência o nobre.

Depois disso, os grupos escolhem uma notícia com a qual vão trabalhar. Aqui se recomenda que os programas sejam gravados com o recurso que a escola e aluno dispuserem. O recomendável é que seja passada em sala de aula apenas a notícia a ser analisada. Se ela foi muito importante, é possível encontrar edições de diferentes produtoras inclusive na internet.

1. Que notícia apareceu como chamada e em que momento do telejornal a notícia escolhida apareceu? (Caso a notícia não apareça em um dos telejornais, tal fato deve também fazer parte da discussão. Os alunos devem seguir a discussão com o mesmo objetivo da tarefa anterior, considerando também o fato de a notícia ter feito ou não parte da chamada.)

2. Qual é o tempo dedicado à notícia? Há imagens? (Considerar o tempo dedicado ao assunto é reconhecer o quanto o telejornal dá destaque ou não a ela. Além disso, verificar se o tempo gasto com a notícia é pertinente ou não. Confrontar imagens também é interessante. No bombardeio ao Iraque, os canais de televisão mostraram imagens diferentes para um mesmo assunto.)

3. Que diferenças e semelhanças há entre as notícias? (Aqui a tarefa é também difícil, pois merece malícia por parte dos alunos. Eles devem perceber se há também uma entonação que leve o ouvinte a algumas conclusões. A ausência de informação é outro aspecto que leva a conclusões erradas. Quando os grupos apresentarem as gravações para os colegas, sua atenção deve ser desdobrada a fim de que possa perceber o quanto a discussão está levando em conta fatos importantes.)

4. Há comentários da notícia ou é feita simplesmente a leitura da informação? (O comentário pode estar induzindo o telespectador a uma percepção adulterada do fato, ou, ao contrário, induzindo a uma percepção real dele. Os grupos devem discutir esse aspecto.)

Bloco 2

Objetivo: o aluno apresentará as diferenças encontradas nos telejornais estudados. A apresentação deve ser em grupo e contar com a participação de todos os outros colegas. Os alunos devem esclarecer a classe sobre a data da gravação, sobre os enfoques dados a notícias nos diversos telejornais. A tarefa do professor, como na atividade anterior, é a de encaminhar a classe para que tire conclusões a respeito dessas diferenças, buscando uma postura política para ser leitor da mídia em geral.

Bloco 3

Objetivo: avaliar.
Produzir cartas, e-mails, enfim, entrar em contato com um dos telejornais para apresentar um confronto entre informações, perguntando sobre a decisão do telejornal de omitir um fato, de levar o leitor a tirar conclusões talvez precipitadas, de trocar as imagens, de não dar à notícia o destaque que um grupo achou que deveria ter recebido. Uma carta ao editor do telejornal pode ser o caminho para a avaliação de instância pública.

A privacidade na mídia em geral

Justificativa: o trabalho com os anos anteriores partia de pontos específicos no objeto de análise selecionado, ou seja, de um olhar que convergia para aspectos pontuais na mídia: o suporte escolhido (meio de comunicação) ou o gênero de um desses suportes (novela, humor...). Com o nono ano, pareceu-nos pertinente tornar mais complexo o estudo dos textos de circulação social por meio de análises que partam de algo mais amplo – característica bastante explorada por esse meio – a invasão da privacidade. Essa forma de atrair o público (leitores ou espectadores) vem se mostrando cada vez mais influente na constituição de valores na sociedade e, no entanto, são poucas as escolas que assumem o papel de trazer para a sala de aula a discussão de um problema tão presente no cotidiano do aluno. Portanto, fazer com que ele aprenda a refletir sobre essa opção da mídia e procurar compreendê-la é o objetivo maior desse trabalho.

A estratégia de abordagem desse tema baseia-se em uma tese que procura sintetizar um pouco o percurso histórico da ideia de privacidade. Isso porque o assunto apresenta enorme gama de problemas, o que dificulta a convergência direta sobre um ponto específico e nos obriga, para que melhor possamos compreender o fenômeno, a voltar às suas origens. Para diferenciar o público do privado é preciso saber como surge a separação.

É evidente que muito da ideia de invasão da privacidade está atrelada ao dinheiro e ao sucesso, quando não a tragédias pessoais de vários tipos. Cada vez mais a vida das pessoas vem se tornando chamariz em capas de revistas, em programas de tevê, em noticiários de jornais. Mas até que ponto há pertinência social na exposição da vida íntima das pessoas? No que vem se transformando a intimidade? Se a exposição tornou-se atrativo de consumo, a aproximação entre a vida e a mercadoria parece clara. A intimidade deixou de ser valor de proteção do indivíduo para ser objeto de consumo.

Já nos trabalhos anteriores foi estudada a transformação do jovem em produto de mercado, assim como do telespectador em geral (se não tiver visto isso em outros anos, reveja o material, em especial o dos anúncios no sexto ano), o passo em direção à ampliação do problema é o objeto do nono ano. Isso porque já é possível ao jovem compreender um processo de reificação (transformação do humano em objeto) mais genérico, que atinge a muitos sem que o percebam. Essa mudança vem se dando de maneira insistente nos meios de comunicação, o que a está tornando natural aos olhos da maioria. Perceber que a perda da noção de privacidade ou a venda dela constitui nosso dia a dia e que isso leva à mercadização da vida é fundamental na formação do cidadão consciente.

Leia sobre a origem do valor de privacidade:

> A ruptura do mundo feudal proporcionou o fim do universo comunitário, baseado numa economia de subsistência. Esse universo regido pela mão forte da Igreja, a qual mantinha o forte arcaísmo da opressão, com o auxílio dos senhores feudais impedia a mobilidade social a todo custo e, consequentemente, a erupção do homem como sujeito-indivíduo, que poderia galgar seus objetivos por desejo próprio. O fim desse esquema é levado, sobretudo, pelo surgimento de novos interesses representados pelo que viria a ser uma nova classe – a burguesia. Movidos, principalmente, pelo desejo de obtenção de lucros e mais tarde de uma estrutura social que lhes possibilitasse a ascensão por meio do enriquecimento material, o novo sujeito burguês vai configurando-se como um indivíduo só e em eterna competição na busca de suas ambições. Esse isolamento produz a individualidade e a ideia de privacidade como valor a ser mantido pelo sujeito.
>
> A partir desse conceito serão muitas as modificações nos mais diversos aspectos, mas principalmente a literatura fará novo percurso para receber nova classe de público leitor. Sendo assim, no século XVIII, surge o romance que privilegiará o retrato do cotidiano burguês, prosaico. Isso significa que o dia a dia dessa classe passa a interessar a todos, pois seus valores encontram-se na diferença da nobreza, classe inatingível e, portanto, é preciso trazê-los à tona, inclusive como uma forma narcísica de existir, como um recurso para expor a privacidade.

Quantidade de blocos: 6.
Organização das aulas (espaço/grupo): sala tradicional, de preferência com carteiras móveis para formar grupos.
Providências do professor e da escola: o professor deve tomar conhecimento do objeto de estudo escolhido de cada grupo para que possa acompanhar com precisão o desenvolvimento do estudo e da análise de cada um, o que proporcionará intervenções mais ricas para o aprendizado do aluno.
Seria interessante que a sala de aula pudesse estar equipada com recursos de mídia para garantir que todos possam assistir o programa em estudo.

Bloco 1

Objetivo: fundamentar o trabalho por meio de discussões teóricas e de apresentação de exemplos.
Discutir com a classe a diferença entre público e privado. Seria também interessante contar-lhes um pouco sobre a origem do conceito de vida privada como algo intimamente atrelado ao surgimento da burguesia e, portanto, do capital (ver box anterior).
Organizar breve discussão pedindo aos alunos que se recordem de casos recentes de invasão de privacidade na mídia. Listar na lousa os casos que forem sendo lembrados. Em seguida, pedir que reflitam, respondendo individualmente e por escrito à pergunta:
- O conhecimento desses casos por parte da população traz consequências para a sociedade, para a vida em comum? (É possível que não consigam ver qualquer problema nisso. Para alertá-los, cite exemplos de casos que repercutiram em graves consequências.)

No jornal, o caso da Escola Base, já citado. Outro caso é o do professor acusado de colocar uma bomba no avião da TAM e de tê-lo explodido. Enquanto os jornais o acusavam de terrorismo, ele estava em coma no hospital sem poder defender-se.

Na televisão, o que fica mais evidente é a exposição da miséria alheia como forma de obtenção de audiência. Dois casos foram muito comentados: o programa de Faustão e o de Ratinho. Faustão levou um homem com deficiência de desenvolvimento, que já adulto assemelhava-se a uma criança de oito anos. O apresentador expôs as limitações desse homem, ridicularizando-o, sob o olhar atento da plateia e do telespectador. Já Ratinho levou dois irmãos mexicanos que tinham o corpo coberto por pelos, por causa de uma anomalia orgânica. Eles foram apresentados como lobisomens sob os gritos e risos histéricos da plateia. Ambos os casos suscitaram, pela primeira vez, a discussão aberta dos limites éticos da tevê.

As revistas concentram-se na vida pessoal das estrelas de televisão ou cinema, produzindo, também, histórias sobre sua vida íntima (as fofocas): algumas noticiaram que Glória Pires teria sido traída pelo marido com a própria filha, o médico Ricardo Veronesi anunciou que Cláudia Raia estaria com aids, o que agravou a publicação da história, já que contava com o aval de renomado médico, e assim por diante.

Para casa: responder às questões:
1. Saber como se comporta uma atriz de novelas ou um jogador de futebol é de interesse social? Pode ajudar na construção de uma vida comum melhor? Por quê?
2. Ratinho, ao expor uma vítima de alguma anomalia física, alega ajudá-la. De fato ele ajuda essa vítima? Em que medida? Quem se beneficia com isso? (O aluno deve perceber que a exploração gera maior benefício ao explorador, que se aproveita da miséria alheia e do sadismo do ser humano.)
3. Quando o jornal descobre um fato escandaloso e o noticia sem verificar sua veracidade, ele cumpre sua função? Por que o faz? (É importante que cheguem à ideia de vendagem em oposição à informação. Muitas vezes interessa mais ao jornal o lucro que a verificação dos fatos.)

4. Há algum caso em que se justifique socialmente o conhecimento da privacidade de alguém? Que tipo de pessoa seria essa? Se souber de algum caso, cite-o como exemplo. (Seria interessante que o aluno percebesse que saber da vida privada daqueles que governam ou administram o bem público é de fundamental importância.)

Bloco 2

Objetivo: reconhecer o novo tema e a organização das tarefas.
Ler as respostas dos alunos e discuti-las.

Orientar o trabalho, que será desenvolvido com os três maiores meios de comunicação, em que a detecção do tema é mais evidente e também a força de penetração na sociedade é incontestável. Para o trabalho, dividir a classe em três grupos, ficando cada um responsável pelos seguintes suportes:

Grupo 1: revistas – *Contigo, Caras, IstoÉGente, Chiques & Famosos* ou similares.

Grupo 2: jornais – *Folha de S.Paulo, O Estado de S. Paulo* ou similares de outras regiões (exclua jornais que privilegiam o sensacionalismo, tais como *O Dia*, pois o objetivo do trabalho com esse suporte é apontar as formas de invasão diluídas no dia a dia).

Grupo 3: programas de televisão – Ratinho, Gugu, *Domingão do Faustão* entre tantos que podem também fazer parte desse estudo e que sejam conhecidos dos alunos. O objetivo deste estudo será perceber qual é o eixo que une programas de perfis aparentemente diversos. Caso o professor sinta necessidade, deve pesquisar outros programas; a forma de abordá-los mantém-se sem prejuízos.

Feita a divisão, o professor deve pedir que, em casa, os alunos pesquisem, fazendo anotações ou resumos do que viram ou leram, pertinentes à invasão de privacidade. Os jornais, revistas e programas devem ser divididos em tabela da seguinte forma:

	Resumo		
	Invasão da privacidade sem a vontade de quem é exposto	Exposição da privacidade por vontade de quem é exposto	Ausência de invasão e de exposição
Suporte			
Suporte			
Suporte			

Bloco 3

Objetivo: compreender com maior precisão o que é a invasão de privacidade.
Pedir que, em grupo, justifiquem o preenchimento da tabela, expondo o critério adotado para fazê-lo.

Bloco 4

Objetivo: evidenciar/reforçar a ideia de mercadização da vida privada.
Segundo a tabela, responder em grupo:
1. Por que as pessoas expõem suas vidas? Os pobres e os ricos o fazem da mesma forma?
2. Qual o critério para que algo se torne notícia ou atrativo na imprensa e nos programas de tevê?
3. Na sua opinião, a falta de discernimento entre o que deve ou não ser mostrado é bom para a sociedade? Por quê?

Para casa: organizar material com dados, cartazes ou gravações para a apresentação das conclusões (seminário similar ao trabalho de oitavo ano).

Bloco 5

Objetivo: concluir e elaborar a primeira avaliação.

Apresentação do trabalho dos grupos e debate final com a classe, a partir do trabalho dos colegas e das questões:
• Qual a mudança na noção de privacidade do século XII até os dias de hoje? (O professor deve ler o box explicativo.) Os alunos devem discutir a privacidade do ponto de vista histórico, verificando alterações e compreendendo o "uso" da vida privada na mídia.

Bloco 6

Objetivo: elaborar a segunda avaliação (instância pública).

O grupo deverá escolher um representante do suporte com que trabalhou e escrever uma carta para a seção de leitores ou para a produção do programa, fazendo comentários, sugestões ou reclamações, a partir de suas conclusões.

Apelo sexual na mídia em geral

Justificativa: a escolha do tema apelo sexual já se faria evidente apenas pela enorme carga de informações e seduções a esse respeito que recebemos diariamente. No entanto, não foi só a presença maciça nos meios de comunicação que nos levou a esta discussão, mas a possibilidade de entender o fascínio que o sexo produz e de desenvolver leitura crítica dessa exploração sexual, para que a postura diante da vida seja resultado das convicções pessoais e não das imposições feitas pela mídia.

Quantidade de blocos: 5.

Organização das aulas (espaço/grupo): sala tradicional, de preferência com carteiras móveis para formar grupos, com recursos de mídia para a projeção das gravações.

Providências do professor e escola: nenhuma.

Bloco 1

Objetivo: trabalhar com apelos sexuais evidentes e ligados ao mundo adulto.

A classe deve ser dividida em três grupos, de modo que cada um fique encarregado de procurar na mídia em geral (revistas, jornais e tevê) personagens ou pessoas públicas que exploram o *sex-appeal* para ganhar popularidade ou também dinheiro. É interessante lembrar de pessoas como Mulher Fruta, Lady Gaga que vivem, de certa forma, dessa exploração de modo declarado. Vale a pena estimular o grupo que pretende trabalhar com jornais porque, no início, os alunos terão a impressão de não encontrarem nada, mas posteriormente irão revelar para a classe a consequência social da exploração sexual. Os alunos encarregados de procurar as revistas devem observar também as matérias que mostram o sucesso financeiro de pessoas que ganharam muito dinheiro explorando o próprio corpo. É importante mostrar à classe que a mídia impressa faz contraponto com a televisiva: se alguém ganha dinheiro com a exploração do *sex-appeal* na televisão, a mídia impressa confirma esse sucesso, mostrando, por exemplo, os imóveis adquiridos por essa pessoa. Portanto, há uma interação entre o fazer do artista e a realização material dele, revelados na mídia em geral.

Para casa: para atingir esse objetivo, recomendamos algumas perguntas:
1. Depois de ter escolhido o suporte que agradou a seu grupo, procure personagens ou pessoas públicas que exploram o seu *sex-appeal* para ganhar dinheiro ou também fama.
2. Escreva um relato do que viu no suporte em que você escolheu, descrevendo a forma como o apelo sexual foi apresentado. Em outras palavras, explique por que se trata de apelo sexual.
   (Cabe ao aluno descrever o apelo sexual explorado na exposição do corpo, na forma como a personagem se veste, nos detalhes da indumentária, na forma como fala ou no que fala, ou escreve. Em revistas, os anúncios podem ser o caminho para o aluno chegar a essa observação. Na televisão, o aluno não terá dificuldade. Em jornais, certamente a tarefa é mais difícil, mas não é impossível. Vale a pena procurar e talvez não encontrar. No final, esse grupo estará discutindo o papel social do jornal que se limita a dar prioridade a fatos que não sejam apelos sexuais. Isso não significa que o jornal deixe de lado os apelos, mas raramente são de ordem sexual.

Solicitar aos grupos que trabalharam com jornais que tragam os nomes, a data e os cadernos lidos e comentem sobre sua expectativa de achar apelos sexuais nesse suporte.)

Bloco 2

Objetivo: discutir o que foi encontrado e levantar o significado social desse material.

Recomendamos que todas as perguntas sejam apresentadas e que os grupos, antes de falar sobre elas, reflitam, porque uma pergunta leva ao esclarecimento da outra. As perguntas sugeridas são:

a) Socialmente, o que representa o apelo sexual observado pelos grupos? (A classe deve tirar uma conclusão sobre o significado social desses apelos. Deve discutir sobre a importância social disso, a influência social, os valores que são passados.)

b) Quais são os valores que a exploração sexual passa para a sociedade? (Aqui, o foco é reconhecer o valor atribuído à exploração sexual como meio de ganhar a vida. Moralmente pode-se escolher esse caminho para o aumento da renda pessoal, mas socialmente a opção deve ser analisada. Ao que parece, os meios justificam os fins. E o papel da mídia é de fundamental importância para justificar o próprio meio. Sem ela, não haveria a possibilidade de explorar esse apelo sexual.)

c) Em que suporte da mídia se confirma o sucesso financeiro de quem usou o apelo sexual para ganhar a vida?

d) Para os grupos, a mídia tem papel importante no que se refere à exploração sexual? (A classe deve perceber que a mídia é o veículo que proporciona essa exploração. Deve, portanto, reconhecer que sem ela a exploração não ocorreria.)

e) Como seria a exploração do apelo sexual se não houvesse a mídia televisiva? Esse apelo teria consequências sociais? Se a resposta for positiva, diga em que âmbito. (Caberia aqui uma reflexão sobre a impossibilidade de repercussão social da exploração do *sex-appeal*. Certamente a repercussão se limitaria a um pequeno grupo e, portanto, a renda pessoal não atingiria as proporções que atinge atualmente.)

Para casa: os alunos devem buscar modelos de *sex-appeal* em crianças dançando em programas de auditório, em anúncios de tevê, de revistas e, em jornais, notícias que tratem da exploração sexual de crianças vítimas da prostituição infantil, do comércio de crianças. Recomendar ao grupo que irá trabalhar com jornais a leitura do trabalho de Gilberto Dimenstein pode auxiliar na compreensão do problema: *Meninas da noite: a prostituição de meninas-escravas no Brasil* (São Paulo: Ática, 1992).

Recomendamos dar aos grupos tempo suficiente para que aqueles que estiverem trabalhando com jornais possam encontrar essas notícias.

Bloco 3

Objetivo: sensibilizar para o fato de haver aceitação social da exploração sexual da criança, sobretudo da menina.

Para atender a esse objetivo, recomendamos apresentar as seguintes perguntas:

a) Como são os anúncios em que as crianças se sujeitam à exploração sexual? (O grupo deve descrever esses anúncios – de revistas e tevê – em que crianças se colocam em poses sedutoras como se fossem adultas. Seria interessante observar se o grupo encontrou anúncios em que o menino é objeto de estímulo do desejo sexual. Provavelmente, os anúncios trazem meninas, não meninos.)

b) O que as crianças fizeram em programas de tevê que levou o grupo a achar que se tratava de exploração de apelo sexual? (Aqui, descrever também é importante. Ao descrever, os grupos provavelmente irão perceber que a postura adotada pelas crianças é em verdade a postura dos adultos.)

c) Que notícia foi encontrada sobre a exploração sexual de crianças? Contem para a classe.

d) Para vocês, há incoerência social por parte da mídia em explorar a criança e denunciar a exploração? Justifique sua resposta, depois de discutir em grupo. (A resposta é pessoal, mas seria interessante que a classe percebesse que não se trata de causa e efeito, mas de incoerência: ora a mídia denuncia, ora ela se aproveita do fato. Portanto, o papel da mídia é o de um corroborador, pois, quando interessa, ela usa a exploração para produzir riqueza. Quando interessa, ela usa a exploração para produzir notícia. De fato, a mídia não se escandaliza com explorações sem consequências graves e denuncia a exploração de conseuências graves.)

Bloco 4

Objetivo: discutir o papel da mídia na conduta social no que diz respeito ao apelo sexual.

Responda às perguntas:

a) Como jovem, você acha que a mídia impõe uma conduta sexual, uma maneira de se comportar diante do objeto sexual?
b) Há um tipo de corpo que devemos ter para conquistarmos o objeto sexual de nosso desejo?
c) Há uma conduta pessoal com relação ao desejo sexual imposto pela mídia?
d) Enfim, em que medida a mídia dá índices de conduta humana?

As respostas, aqui, são livres. Cada aluno deve enxergar-se e perceber, na medida do possível, o quanto pode também estar sendo vítima da mídia para incorporar valores.

Bloco 5

Objetivo: avaliar.

O ideal, em virtude da complexidade do assunto, seria a classe organizar um fórum em que se discutissem amplamente os valores de conduta sexual impostos pela mídia. Esse trabalho pode ser planejado em um ano e iniciado no ano seguinte, no Ensino Médio, quando todos discutiriam esse quarto poder que é mídia em geral.

AVALIAÇÃO DO ALUNO

Existem muitas possibilidades de conciliar a tarefa de dar nota ao aluno com a de favorecer o crescimento dele, sem criar clima de tensão, manifestado frequentemente no protesto do aluno com relação à sua nota.

O trabalho que acabamos de apresentar nasceu de uma experiência em escola da rede privada de ensino da cidade de São Paulo, no ano de 1998. Naquele ano, algumas das turmas de segundo ano do ensino médio trabalharam com a leitura de textos de revista, jornais e tevê. A proposta inicial era ensinar a ler de maneira crítica, sem que soubéssemos exatamente como chegaríamos aos objetivos. Propusemos que os alunos lessem a notícia sobre o acidente com o avião da TAM em São Paulo contrastando os fatos e as decorrências dele. Os grupos se dividiram por assunto:

a) o acidente em si, levantando matérias de várias publicações, inclusive de datas diferentes para verificar se houve afirmações categóricas e improcedentes que, mais tarde, tenham sido corrigidas pelos jornalistas;

b) a legislação referente à ocupação de áreas próximas a um aeroporto, de preferência fazendo comparações com os de grande porte em cidades de outros países. Esse grupo também ficou encarregado da legislação referente às indenizações em caso de acidente aéreo, tanto as atreladas à compra de passagem como as previstas em lei, quando o acidente causa a morte de um passageiro;

c) os anúncios publicitários da TAM antes e depois do acidente para verificar se houve mudança ou não no foco.

Ampliou-se essa abordagem também para as promoções que a companhia aérea poderia estar oferecendo.

No dia da apresentação, um grupo revelou não ter feito seu trabalho, *solicitando* nota zero. O zero não resolveria a situação, pois todos esperavam a contribuição daquele grupo na tarefa geral. Sem as informações dele, a discussão estaria fatalmente comprometida. A solução encontrada deu muito certo e foi aplicada durante o ano todo, tendo sido o trabalho encerrado com excelentes resultados.

ORGANIZAÇÃO DOS CRITÉRIOS PARA ATRIBUIR NOTA

As notas que foram de zero a dez se subdividiram em 3 vezes 10:

notas	objetivo avaliado	aspecto avaliado	valor
grupo	desempenho	entrosamento do grupo	5
	conteúdo	relevância das informações selecionadas para o trabalho	5
indivíduo	desempenho	contribuição aos integrantes do grupo quando estes se encontram em situação de perda do conteúdo exposto	5
	conteúdo	informatividade e contribuição individual (capacidade de trazer informações relevantes conforme o grupo apresenta seu trabalho)	5
trabalho escrito	desempenho	estrutura do texto e clareza de linguagem, evitando incoerência e falta de coesão	5
	conteúdo	elaboração de um trabalho relevante, de cuja análise seja possível depreender um raciocínio amadurecido da questão abordada e proposta no texto	5
total das notas			30

Para não deixar o grupo em conflito com a decisão tomada quanto à forma de avaliação após o início do trabalho, foi adotada a descrição do comportamento de cada aluno, como forma de justificativa da nota. Veja um exemplo de texto entregue aos alunos: *Turma: Relatório para os alunos do tema leis e segurança nos aeroportos: O., S., L., R. e C.*

O entrosamento desse grupo ficou muito aquém do que se esperava da participação em sala de aula. C. faltou, e o grupo declarou que parte do material estava com ela, por essa razão alegou que "não tinha condições de expor seu trabalho". No entanto, se a falta aconteceu por razões muito justificáveis, nem mesmo no final da tarde o grupo preocupou-se em saber como resolver a questão. Simplesmente usou a falta da colega como desculpa, ou, pelo menos, a postura fez crer que era isso que acontecia. R. declarou ser melhor receber zero porque não tinha feito nada. Essa postura de descaso, total descaso, comprometeu o grupo porque ele não constituiu sequer uma unidade mínima.

S. também teve postura de descaso e pouca preocupação com a situação criada pelos colegas. Sua contribuição foi tentar fazer alguma coisa depois que O. buscava "salvar a própria pele", como se todos estivessem num naufrágio, numa embarcação sem leis. A impressão que deram é que, mesmo aqueles que falaram – O., L. e, muito pouco, S. –, cada um tinha tomado conhecimento do assunto alguns minutos antes, como se tivessem lido algo antes de entrar em aula. As notas traduzem essa precaríssima contribuição para o trabalho da classe, para o conhecimento que todos esperavam receber.

Aspecto avaliado		
Entrosamento do grupo	todos os alunos	valor 0,0
Relevância das informações selecionadas para o trabalho	todos os alunos	valor 0,0
Contribuição moral aos integrantes do grupo quando estes se encontram em situação de perda do conteúdo exposto	n.º do aluno	valor
C.	22	0,0
R.	31	0,0
S.	33	1,0
O.	28	2,0
L.	20	2,0
Informatividade e contribuição individual (capacidade de trazer informações relevantes conforme o grupo apresenta seu trabalho)	n.º do aluno	valor
C.	22	0,0
R.	31	0,0
S.	33	1,0
O.	28	2,0
L.	20	2,0

Essa maneira descritiva permitiu que os alunos se enxergassem no grupo e fez com que não houvesse protestos quanto à nota. Durante o ano, as poucas vezes em que um ou outro aluno se manifestou contra a nota que recebeu, a leitura pausada que descrevia o grupo ou o aluno no grupo resolveu o conflito.

Se quiser, veja outro exemplo de avaliação:

Turma: Relatório para os alunos do tema informações na imprensa: J., P., M., M., R. e V.

O grupo apresentou muito bem as informações da mídia, pois soube reconhecer contradições, apontá-las e comentá-las. As causas da queda do avião da TAM foram analisadas como aspectos explorados pela imprensa. Uma a uma, elas foram citadas e discutidas, sempre com relação ao laudo completo que ainda não tinha sido publicado. Enfocou-se também a questão do aeroporto de Congonhas, o que só fez ampliar o conteúdo levantado pelos alunos. Os líderes do grupo, J. e P., muitas vezes se excederam, quase que impedindo que seus parceiros completassem o que tinham a dizer. Nesse sentido, as duas foram além de seu papel de liderança. No entanto, souberam resgatar as informações sempre que necessário. Foi possível também perceber que todos permitiram discussão em classe.

Aspecto avaliado

Entrosamento do grupo	todos os alunos	valor 4,5
Relevância das informações selecionadas para o trabalho	todos os alunos	valor 5,0
Contribuição moral aos integrantes do grupo quando estes se encontraram em situação de perda do conteúdo exposto	n.º do aluno	valor
J.	23	3,0
P.	36	3,0
M.	29	2,5
M.	32	2,5
R.	38	2,5
V.	43	2,5
Informatividade e contribuição individual (capacidade de trazer informações relevantes conforme o grupo apresenta seu trabalho)	n.º do aluno	valor
J.	23	4,5
P.	36	4,5
M.	29	4,0
M.	32	4,5
R.	38	4,0
V.	43	4,0

Como avaliar uma proposta de produção de texto que circula socialmente é tarefa muito mais difícil para o professor, sugerimos que as notas, caso seja necessário dar uma, sejam dadas pela participação do grupo e pelo indivíduo no grupo, isto é, pelos dois primeiros dez da tabela de avaliação, e não pelo trabalho escrito.

TEXTOS DE APOIO

Nessa parte o professor encontra textos que podem ser elucidativos e esclarecedores no que diz respeito a opiniões sobre o poder da televisão, as informações em rótulos de embalagens, a situação dos jornais com relação à manipulação de informações, bem como a linguagem nas novelas. Além disso, há um texto que aborda o exemplo da Escola Base e outro que traz a legislação referente aos direitos autorais e o uso público das obras.

Acreditamos que essas leituras sejam úteis na complementação de informações discutidas no corpo do livro.

Banalização

Frei Betto

A televisão nos domestica para conviver com a tragédia. Danem-se as causas sociais, os valores e os ideais.

Sempre me intrigou o ofício de torturador. Ele espuma de ódio de sua vítima, agride-a, cospe nela, dependura-a no pau-de-arara, aplica-lhe choques elétricos, enfia-a de cabeça para baixo na latrina, queima-a com cigarro aceso. No fim do expediente, volta para casa, beija a mulher, afaga as crianças, passeia com o cachorro, faz suas preces e recosta a cabeça no travesseiro como quem sabe que "o homem mau dorme bem".

Em dezembro de 1969, quando o DEOPS de São Paulo soltou o padre Marcelo Carvalheira – hoje arcebispo da Paraíba e vice-presidente da CNBB –, o investigador "Pudim", um dos mais afoitos torturadores da equipe do delegado Fleury, levou-o à sua casa. Um capricho profissional, como o motorista passa com o caminhão novo da firma em frente à casa da namorada ou o piloto faz um voo rasante no bairro em que mora. Marcelo entrou naquela casa não na condição de preso, mas de presa. "Pudim" talvez tivesse o hábito de exibir a sua mulher e filhos as diferentes espécies de bandidos que passavam por suas mãos. Faltava um padre. E ali estava o sacerdote – aos olhos do policial, um terrorista que habilmente se encobria sob a afável aparência de um homem de Deus.

O que impressionou Marcelo foi ver "Pudim" no aconchego do lar: muito diferente daquele homem que, no 5º andar do DEOPS, dependurava homens e mulheres no pau-de-arara e fazia a corrente elétrica obrigá-los aos estorços de uma dança macabra. Agora era o pai dedicado, cercado por seus filhos, e o esposo afável, como um açougueiro que, em família, já nem se recorda que passou o dia abatendo animais, abrindo vísceras, retalhando postas e sujando as mãos de sangue.

Se uma pessoa querida vai para a mesa de cirurgia, ficamos em sobressalto. A equipe médica, porém, abre o crânio, corta o peito, manipula o coração ou os intestinos do paciente, com a mesma tranquilidade com que os funcionários do Instituto de Medicina Legal lidam com cadáveres destroçados num acidente aéreo ou sufocados pela lama de um desabamento.

Suponho que o convívio diário com certas situações acabe por embotar-nos a sensibilidade. Aos poucos, a dor alheia soa como um ranger de porta, o horror vira rotina, a morte do próximo é vista como uma página virada. É a banalização da tragédia. Para suportá-la, procuramos revesti-la de comédia.

A televisão nos submete ininterruptamente a um aluvião de acidentes, assassinatos, guerras, hordas famintas e esquálidas agarradas aos ossos ressaltados de seus filhos de corpo exíguo e cabeça dilatada. Nada disso tira o nosso sono nem provoca a nossa indignação. Aos poucos, vamos admitindo que essa é a normalidade, talvez um erro humanamente justificável como as bombas atiradas sobre crianças e idosos na Iugoslávia. Apenas um nó de tristeza por ver o mundo tão injusto e cruel.

A televisão domestica-nos para bem conviver com a tragédia, carnavalizando situações aberrantes e exibindo no palco deformações de corpo e espírito como se fossem meras atrações de interesse público. Torna-se rotina ver a face que desabona os políticos: as diatribes do ministro, a corrupção do deputado, as fanfarronices do senador, a mentira do prefeito, a demagogia do governador, o cinismo do presidente.

Assim, aos nossos olhos, molda-se a impressão de que a política é suja, todos os políticos são malandros, o processo eleitoral uma farsa. Desiludidos, recolhemo-nos à nossa vida privada, indiferentes à esfera política, onde é decidida – para pior ou melhor – a vida de milhões de pessoas, do preço do ônibus ao acesso ao emprego.

Tudo se banaliza, a ponto de ocorrer uma inversão em nosso enfoque: danem-se os direitos coletivos, as causas sociais, os valores e os ideais. O que importa é o chicote da mascarada, a privacidade da dançarina do tchan, a filha da rainha dos baixinhos, o féretro da princesa que enterra a nossa ilusão de que a vida, para nobres e ricos, é sempre bela e feliz.

Nas ruas, tropeçamos em mendigos e cruzamos com crianças abandonadas. São moscas na comida. Importam menos que uma dor de dente. Sorte nossa que "não somos como eles". Preferimos acreditar que a desigualdade social é como o inverno e o verão: para uns, as agruras do frio; para outros, o conforto do calor.

Conta a parábola que certo monge retornava a seu mosteiro. Cruzou no caminho com uma criança maltrapilha, abatida pela fome e pelo frio. Na igreja, vociferou contra Deus, que permitia sofrimentos tão injustos. "Por que o Senhor nada faz por aquela criança?". De repente, um clarão. Deus mostrou a Sua face luminosa e disse a ele: "Eu já fiz você!".

Caros Amigos, nº 28, julho de 1999

Morra pela boca

Frei Betto

O brasileiro ignora o que come. Nem as escolas educam para formar consumidores responsáveis.

Olho no lucro, indústrias alimentícias preferem, agora, investir em produtos transgênicos. No Brasil, cinco variedades de soja da Monsanto já têm sua produção autorizada pelo governo federal, embora não possam ainda ser comercializadas. Uma liminar assegurou estudos preliminares para constatar o impacto ambiental desses produtos.
Na CTNBIO (Comissão Técnica Nacional de Biossegurança) há 595 pedidos de liberação para milho transgênico, 32 para soja, 6 para cana-de-açúcar, 3 para algodão, 2 para eucalipto, 2 para fumo, 1 para arroz e outro para batata. Os transgênicos podem provocar câncer, alergias e imunidade aos antibióticos. Por isso, o Ministério da Justiça exige constar das embalagens se o alimento é geneticamente modificado, bem como o nome do gene utilizado e a origem da espécie doadora. O mesmo vale para os importados e cardápios de restaurantes. Portanto, se o consumidor compra ou ingere sem pesquisar, o risco é dele. Mas de quem é a culpa se a grande maioria dos brasileiros é analfabeta e não consegue decifrar o dialeto químico de rótulos em embalagens? Se consegue, é hora de virar cidadão e reclamar seus direitos.
Enquanto as pesquisas não desfazem os temores, algumas redes de supermercado, como a Carrefour, preferem não oferecer nenhum produto transgênico a seus consumidores.

Ignorância alimentar

O sistema capitalista neoliberal não pretender formar cidadãos. Investe na proliferação de consumidores. Dá-lhes propaganda, mas sem consciência. Por isso, o brasileiro ignora o que come. Nem as escolas educam para formar consumidores responsáveis.
Vi na China pessoas que conheciam o valor nutritivo deste e daquele alimento, bem como os efeitos no organismo. Aqui, somos analfabetos em matéria de nutrição. Poucos sabem preparar o que ingerem e quase ninguém é capaz de dizer o que tal alimento significa para a sua saúde física e espiritual. Malgrado os avanços técnicos e científicos, que virtualmente

nos asseguram melhor qualidade de vida, hoje a cobiça pelo lucro nos obriga a ingerir alimentos contaminados por aditivos, hormônios, pesticidas e antibióticos. Não é de estranhar que o nosso organismo adoeça. Cabe ao consumidor verificar o rótulo dos produtos que compra, embora não seja instruído para esta tarefa. No Chile, está proibido o aditivo eritracina. O tratrazina (amarelo 5) – presente em certos iogurtes, geleias, chicletes, I refrigerantes, sucos, gelatinas, mostardas e balas – causa alergias e insônia. Por isso está proibido na Grécia e, na Nova Zelândia, é vetado nos medicamentos.

O amaranto, contido em frutas em conserva, doces, iogurtes, pode provocar alergias e tumores. Está proibido nos EUA, Egito, Rússia, Kwait e Chile.
O BHA, encontrado em maioneses e biscoitos, provoca irritação da pele e câncer. Está proibido nos EUA, bem como o BHT, que produz hipersensibilidade, alergias, tumores, aumento do colesterol, erupções na pele, e é encontrado em maioneses, sucos, biscoitos, margarinas e manteigas.
O glutamato monossódico, encontrado em caldos concentrados, sopas em pó, extratos de galinha, molhos de tomate e salsichas, está proibido para alimentação infantil nos EUA. Provoca lesão cerebral e a doença de Knok, que contrai os músculos da cabeça.

Dioxinas

Na Bélgica, este ano, houve um transtorno nacional ao se constatar que a ração animal estava contaminada com dioxinas. E no Brasil, há dioxinas? Elas são quinhentas vezes mais tóxicas que o famoso veneno estriquinina. Modificam o nosso código genético e causam câncer.
Como são produzidas? Pelos incineradores de lixo doméstico, industrial ou hospitalar. Aquela fumaça que sai pela chaminé contém substâncias venenosas que atravessaram os filtros do incinerador. Para cada 3 toneladas de lixo sólido incinerado, 1 tonelada vira cinza e precisa ser depositada em aterro sanitário. Se no aterro há lençóis freáticos, o risco de um vazamento ameaça toda a população que se beneficia daquela água.
Mas não é só na água que as dioxinas nadam de braçada. Elas viajam pelo ar. As que são expelidas pela indústria de papel e celulose têm autonomia de voo de até 200 quilômetros nas correntes de ar. Caem sobre plantações para, em seguida, ser absorvidas pelos seres humanos através dos alimentos.
No Brasil, o governo não possui laboratórios aparelhados para controlar as emissões de dioxinas. Nem fiscalização suficiente sobre a coleta do lixo.

Leite & sal

Pesquisa recente do Departamento de Alimentação e Nutrição Experimental da USP constatou, ao analisar trinta marcas de leite, que muitos contêm vitaminas em quantidades distintas das anunciadas em suas respectivas embalagens. Há produtos com teor de vitaminas 50 por cento abaixo do declarado e, outros, com teores de vitamina A até 100 por cento acima. Ou seja, não há controle de qualidade dos produtos. Das marcas de leite em pó analisadas, apenas uma apresentou índices de vitamina E correspondente ao registro no rótulo. Ora, considerando que o leite é uma das primeiras fontes nutrientes para crianças menores de um ano, pode-se calcular as consequências dessa alteração criminosa.

O artifício de aumentar a dose de vitamina contida no leite visa assegurar a qualidade do produto até esgotar seu prazo de validade. Mas, em doses excessivas, prejudica a saúde.

Recente pesquisa do Instituto Brasileiro de Defesa do Consumidor (Idec) analisou vinte qualidades de sal. Em alguns, encontrou iodo em níveis inferiores aos admitidos pela legislação, em especial nas marcas Gauchão e Pirata, de sal grosso. Isso é grave, pois o sal é a principal fonte de iodo para evitar o bócio e o cretinismo, uma doença mental que atinge crianças carentes dessa substância.

As marcas Sal & Sabor e Cisne, de sal refinado, continham teor de umidade acima do permitido. As marcas Diana e Cinco Estrelas, também de sal refinado, apresentavam granulações maiores que o especificado. As marcas Cinco Estrelas e Jasmin não exibiam, em seus rótulos, registros do Ministério da Saúde, data de fabricação e validade.

O que fazer?

O *Fantástico* tem testado a qualidade de determinados produtos considerados de necessidade básica para a população. É um começo. Deveriam as escolas introduzir, em aulas de química ou de ética/cidadania, análise dos produtos consumidos pelos alunos. Confira-se em laboratório o que registram as embalagens. E estabeleça-se um canal de diálogo com a mídia, para que parcela do público conheça o resultado da pesquisa.

Em bairros, igrejas, clubes e municípios, é preciso criar instituições de defesa do consumidor, divulgar os serviços prestados pelo Procon, promover campanhas para que a população adquira melhores hábitos no que concerne à alimentação, higiene doméstica e coleta do lixo.

Na zona rural, a educação deve esclarecer os agricultores quanto ao uso de agrotóxicos, e a preservação das fontes de água, e das matas e florestas. Hoje, cuidar da Terra é cuidar da viabilidade da vida humana no futuro.

Caros Amigos, nº 29, agosto de 1999

Tendências sem debate
Renata Lo Prete

Não basta contar uma boa história. Nem reunir algumas e sugerir que determinada prática possa estar se tornando mais frequente.
Nas chamadas reportagens de comportamento, o jornal não faz por menos: quer provar que descobriu um novo fenômeno sociocultural.
Em princípio, nenhum problema. Identificá-los, de preferência antes do leitor, é mesmo uma de suas tarefas.
A encrenca começa quando não há elementos para demonstrar a tese.
Em vez de substituí-la por uma abordagem mais modesta, o jornal apela.
De afirmações a cálculos de última hora, vale tudo para dar ao relato aparência de rigor científico.
No domingo passado, um dos destaques da capa da *Folha* era uma bonita montagem de fotos de futebol soçaite. As imagens mostravam contusões e lances em que os jogadores estavam prestes a sofrê-las. O painel remetia para uma reportagem sobre os riscos oferecidos pela prática do esporte. Boa ideia para a seção "Saúde", que nem sempre é tão inventiva na escolha de seus temas. Quase todo mundo conhece alguém que já arrebentou joelho ou tornozelo em partidas nas quais boleiros de fim de semana misturam excesso de ímpeto com escassez de preparo físico.
São várias as possibilidades em uma página de serviço: apontar as lesões mais comuns, mostrar que o revestimento precário das quadras eleva os riscos, explicar por que o exercício eventual e sem orientação, especialmente depois de certa idade, é ainda mais perigoso do que a inatividade. Tudo isso, vale registrar, a *Folha* fez. Teria bastado para atrair atenção. Não deve ser pequeno o número de praticantes e de seus familiares entre os leitores. Mas, para esquentar o material, foi criada a teoria do soçaite assassino (ainda que a reportagem não tenha esclarecido se ele machuca mais ou menos do que o futebol de rua, de várzea ou de praia).
A chamada de capa anunciava que a modalidade "tem onda" de contusões. Toda vez que encontrar essa expressão em título, pode desconfiar. Ela indica que o redator teve de sair pela tangente, porque não havia nada de concreto a dizer.
Menos constrangido que o da *Primeira Página*, o enunciado interno cravava: "Futebol soçaite faz mil 'vítimas' por dia".
Era o resultado da multiplicação do número aproximado de quadras para locação em São Paulo pela "estimativa conservadora" de uma baixa por dia em cada uma delas.

Ou seja, puro chute. Pode ser mais. Pode ser menos. O jornal simplesmente não sabe. Fabricou um número na tentativa de impressionar o leitor.
Na mesma edição de domingo, também era chute o diagnóstico da *Revista da Folha* de que "a indústria do turismo vive um surto sem precedentes na busca por fortes emoções".
A reportagem de capa narrava histórias saborosas de pessoas que, na hora de viajar, preferem o deserto da Argélia a Paris e as montanhas do Afeganistão a Nova York.
Como nas contusões do futebol soçaite, o problema é que o jornal, não satisfeito em contar os casos e deles inferir uma possível recorrência, quis logo apresentar sua descoberta como novo padrão de conduta. A reportagem carecia de qualquer dado, numérico ou não, que sustentasse generalizações.
Comparados a outros ilusionismos promovidos pelo jornal, os dois relatos acima são relativamente inofensivos.
Não faz tanta diferença definir se há ou não "grandes chances de trombar com um ex-colega de classe no lago Titicaca", ou estabelecer o número exato de vítimas dos chutes no piso sintético.
Os exemplos importam mais pelo que revelam da fórmula utilizada pelo jornal para produzir notícia.
Uma hipótese. Três ou quatro personagens que a endossem. Um "especialista" para dar opinião favorável. Distância de qualquer um que a refute. Está criada uma nova tendência, sem debate nem. consistência.

Não basta ser bom

No alto da *Primeira Página* de domingo passado, a foto mostrava uma mulher que havia dado à luz na Casa de Partos em Sapopemba, periferia de São Paulo.
O texto curto abaixo da imagem e a reportagem dentro do jornal informavam que todos os partos ali realizados foram bem-sucedidos – e normais.
Na crítica interna de segunda-feira, ponderei que havia um problema nessa apresentação. Por mais méritos que tenha a iniciativa, é falacioso exibir, como indicador de êxito, o fato de que nenhuma cesárea foi feita no local desde sua inauguração, em outubro de 1998.
É consenso que há excesso de cesáreas no Brasil. Mudanças de mentalidade e assistência adequada podem fazer com que elas diminuam, mas jamais com que desapareçam.

Nenhuma cesárea foi feita porque não há médicos na Casa de Partos, e sim enfermeiras com especialização em obstetrícia. Como o próprio jornal esclarecia parágrafos adiante, os casos complicados são encaminhados a um hospital.

Autor da reportagem, o jornalista Gilberto Dimenstein concorda que a colocação foi inadequada. Mas ele a considera secundária. Teme que a discussão ofusque o principal: a rede de medicina preventiva por trás desses partos. Ela é parte do Programa de Saúde da Família, mantido com verbas federais e estaduais e gerido, em São Paulo, por duas ONGs.

"A reportagem é favorável mesmo", afirma Dimenstein. "Ela não força esperança. Como repórter, vi uma solução de saúde pública que dá certo." Não procurei, com minha observação, ignorar as qualidades do atendimento na Casa de Partos. Quis apenas apontar exageros cometidos pela *Folha* ao descrevê-lo.

A referência às cesáreas, que me chamou a atenção, foi destacada na capa do jornal e na abertura da reportagem.

Um dos principais textos desse material recebeu o seguinte título: "Programa garante partos sem riscos". Não garante, porque nada pode fazer isso. Na melhor das hipóteses, diminui os riscos ao mínimo.

É um defeito antigo do jornal: não basta ser ruim, tem de ser o fim do mundo; não basta ser bom, tem de ser um conto de fadas.

Folha de S. Paulo, 5 de setembro de 1999

Terra Nostra

Florence Carboni

Violências globais com a imigração italiana

No Brasil, as novelas são programas televisivos de imenso público e poderosos instrumentos de condicionamento das visões de mundo. *Terra Nostra*, a novela das 8 da Globo, de Benedito Ruy Barbosa, estreou em fins de setembro, precedida de grande expectativa e imensa campanha publicitária.

Segundo os produtores, a proposta da superprodução é narrar aspectos da saga dos italianos imigrados no Brasil, desde a ótica popular. A produção da novela preocupou-se com os mínimos detalhes dos cenários. A trilha sonora foi feita a partir de músicas da época. A Globo esperava que a novela recuperasse o ibope perdido no horário das 8, o que, segundo parece, foi obtido.

Até agora, os capítulos apresentados provocaram profundo mal-estar entre a comunidade italiana residente no Brasil e estudiosos do passado ítalo-brasileiro. A novela constitui gênero literário menor. Sobretudo nas mãos da Globo, transformou-se em mercadoria cultural, de estrutura superficial, sem mensagens densas e finezas estéticas.

Nesse contexto, compreende-se que os produtores insistam em aspectos espetaculares da imigração, incorrendo em inúmeras simplificações. É o caso da travessia, que se aproxima da visão hollywoodiana da viagem do *Titanic* e se afasta do que ensinam a memória e a historiografia da imigração.

É até certo ponto compreensível a falta de clareza em relação à origem regional dos imigrantes, que, apesar de comer polenta – prato consumido apenas rio norte da península itálica –, dedicam a maior parte do tempo livre à dança da tarantela, baile tipicamente meridional. Que diriam os brasileiros se, em novela italiana, gaúchos embombachados do século 19 passassem a vida dançando frevo!

São toleráveis as soluções linguísticas. Apesar do tormento que a fala híbrida dos imigrantes provoca aos ouvidos de falantes italianos, a opção é recurso semiótico criado pela cinematografia de classe C para que o espectador compreenda que o personagem é estrangeiro. É também cômica a pronúncia carioca de Janete e de Marco Antônio, na novela representantes de tradicional família paulistana.

Há inúmeros outros equívocos linguísticos. Os imigrantes expressavam-se mais nos seus dialetos do que no italiano gramatical. Portanto, serviam-se do *mi* e não do *io,* repetido *ad nauseum* pelos personagens globais. Também é paradoxal a questão dos nomes "Francesco" – nome do banqueiro – conserva a grafia e a pronúncia de origem, enquanto os nomes de outros imigrantes abrasileiraram-se inexplicavelmente. "Matteo" torna-se "Matheu" e "Giuliana", "Juliana".

Os italianos da novela falam português de maneira estranha às características fonológicas italianas, lembrando mais a pronúncia típica dos descendentes de africanos escravizados - perda do /r/ final (aceitá; tê; fazê), o /l/ substituído pelo /r/ (quarqué, no lugar de qualquer), a pronúncia /tchi/ no lugar de /ti/ etc.

Apesar de pertencer a gênero menor, sobretudo devido à sua grande difusão, a novela deve reproduzir, artisticamente, a essência dos fatos narrados, mesmo se afastando dos detalhes reais. *Terra Nostra* imita a realidade, quanto a algumas minudências superficiais, pouco importantes, e violenta aspectos sociais e antropológicos profundos dos fatos narrados. Sobretudo impressiona a apresentação das protagonistas femininas, despidas das características essenciais das camponesas do norte da Itália. Contrariamente às mulheres da elite brasileira, como Angélica, no início da novela, e sua mãe, as jovens italianas pobres são desprovidas da inocência, da reserva e da prudência para com os homens e para com o sexo. Na Itália rural do século 19, os encontros entre jovens eram raros e difíceis e suas vidas afetivas seguiam rígido percurso, através do noivado e casamento, até as relações sexuais. As transgressões a essas normas morais dominantes eram condenadas até mesmo pelo infrator, sobretudo quando mulher.

No vestir e no comportamento, as camponesas de *Terra Nostra* são expansivas, quase vulgares. Leonora, italiana e doméstica, é a antítese de sua patroa brasileira, que é modelo de reserva moral. Ao contrário de Maria do Socorro, Leonora é muito informada e muito liberada nas coisas do sexo. A imigrante Juliana, se tivesse existido, dificilmente tomaria a iniciativa de fazer sexo com um rapaz quase desconhecido e sobretudo atingido pela peste, doença abominada pelos camponeses. É inverossímil uma jovem imigrante como Paola que se comporta com os ricos Augusto e Francesco como prostituta de luxo.

Às imigrantes de *Terra Nostra* falta também o reflexo condicionado, quase atávico, de horror à ociosidade. Se na Itália de hoje é ainda raro ver uma mulher do campo inativa, o que pensar das camponesas do passado! Mesmo nas horas de descanso, costuravam, cerziam, bordavam, fiavam, ocupavam-se de seus filhos e homens. As mulheres camponesas do passado nasciam, viviam e morriam trabalhando.

As camponesas da Globo são mulheres modernas, liberadas, igualzinhas às lindas moças estereotipadas dos programas televisivos. As italianas de *Terra Nostra* repetem o padrão global de comportamento da mulher carioca da classe média alta neste fim de século. Suas vidas são uma sucessão de relações afetivas superficiais, absolutamente estranhas à existência sofrida e batalhadora das mulheres brasileiras e italianas reais. Dedicadas às complexas tramas e enredos sexuais e afetivos, as imigrantes globais não possuem jamais tempo para construir seus mundos através do trabalho.

Terra Nostra não consegue jamais apreender e retratar os hábitos, razões e esperanças das mulheres e dos homens que, de 1875 a 1910, deixaram a vida miserável, numa Itália apenas unificada, para lutar, no Brasil, por existência mais digna, pelo direito ao trabalho, por um naco de terra. *Terra Nostra* constitui paródia ficcional que ofende sobremaneira a mulher imigrante de ontem e brasileira de hoje.

Caros Amigos, n$^{\circ}$ 33, dezembro de 1999

Uma dívida

Janio de Freitas

Volta e meia o caso reaparece. Quase sempre como referência errada para os maus comportamentos do jornalismo. Os jornais, pelo menos eles, não precisam dar essa continuidade tristemente imprópria, e agora deliberada, ao que fizeram no chamado escândalo da Escola Base. O que jornais, TVs, rádios e os jornalistas que intervieram naquele episódio estão devendo vai muito além da referência crítica, de sinceridade bem improvável, à gravidade dos erros então cometidos. Essas considerações vêm a propósito do levantamento, para "Agora São Paulo" e "Folha", da situação atual dos infelicitados pelo caso e dos processos ditos de reparação. "Seis envolvidos não conseguem emprego nem receber indenização por danos morais e materiais." Pelo menos uma família foi destruída, cada um dos envolvidos padece um tipo menos ou mais grave de sequela psicológica, os modestos empreendimentos foram e continuam arruinados.
"Em março de 94", resume a repórter Mariana Carvalho, "duas mães de alunos acusaram o casal (proprietário da escola), dois professores, um perueiro e os pais de um aluno de abusar sexualmente de seus filhos." Em dez dias, um delegado prendeu os acusados. Mas "novas investigações provaram que o caso não passou de uma série de erros das mães, do delegado e da imprensa". Não havia nenhum abuso, concluíram a polícia e a Justiça.
Antes que se estabelecesse tal conclusão, porém, a autoridade maior no caso assegurou, para conhecimento público, que as investigações e até um laudo de exame físico comprovaram o abuso sexual em uma criança. Pode ser muito bonitinho, então, que jornais e TVs desde então se entreguem a "meas culpas", mas a atitude não é séria. É um feito a mais da hipocrisia, nesses tempos frouxos denominada de "politicamente correta", ou da falta de discernimento sobre o fato em questão e sobre o próprio jornalismo. Por maior que seja o blablablá do pretenso "jornalismo investigativo", a capacidade de apuração e verificação de um repórter tem limites muito estreitos. Da maneira como foi descrito pelo delegado autor das investigações, era mesmo um caso escabroso. Merecedor da maior exposição pública, inclusive como advertência a pais e educadores. Nenhum repórter tinha condições de levar a criança a um segundo exame anal, nem elementos, com alguma consistência, para rebater a firmeza conclusiva do delegado Edelcio Lemos. Quando a Justiça levou a polícia a fazer direito o seu trabalho, chegando a outra conclusão, o caso já era

escândalo, os ex-acusados já estavam mergulhados na desgraça. Em tais circunstâncias, dizer que os jornalistas não fizeram o que deviam é dizer que podiam fazê-lo. É uma brotoeja imaginatória que reflete a pretensão de importância e poder difundida no jornalismo.

Mesmo que apenas induzidos por um erro policial, no entanto, jornais, TVs, rádios e muitos dos seus jornalistas tornaram-se parte da desmoralização que arruinou, pessoal e materialmente, um grupo de pessoas depois reconhecidas como inocentes. Há cinco anos essas pessoas lutam sozinhas. E os que contribuíram decisivamente, embora sem culpa original no caso, para sua desgraça, mantêm-se alheios e superiores, como se desconhecessem tudo.

Mesmo involuntária, a corresponsabilidade da mídia e de jornalistas no escândalo e nas consequências os faz devedores de um empenho decidido para restaurar, nas suas vítimas, tudo o que nelas ainda possa ser recomposto. Por certo, não é pouco e grande parte talvez nem seja difícil. A falta dessa atitude e que merecerá ser lembrada, ela sim, nos anais dos maus comportamentos do jornalismo.

Folha de S. Paulo, 12 de outubro de 1999

Legislação Pertinente

Capítulo **IV**

Das limitações aos direitos autorais

Art. 46 Não constitui ofensa aos direitos autorais:
I – a reprodução:
a) na imprensa diária ou periódica, de notícia ou de artigo informativo, publicado em diários ou periódicos, com a menção do nome do autor, se assinados, e da publicação de onde foram transcritos;
b) em diários ou periódicos, de discursos pronunciados em reuniões publicadas de qualquer natureza;
c) de retratos, ou de outra forma de representação da imagem, feitos sob encomenda, quando realizada pelo proprietário do objeto encomendado, não havendo a oposição da pessoa neles representada ou de seus herdeiros;
d) de obras literárias ou científicas, para uso exclusivo de deficientes visuais, sempre que a reprodução, sem fins comerciais, seja mediante o sistema Braille ou outro procedimento em qualquer suporte para esses destinatários.
II – a reprodução, em um só exemplar de pequenos trechos, para uso privado do copista desde que feita por este, sem intuito de lucro;
III – a citação em livros, jornais, revistas ou qualquer outro meio de comunicação, de passagens de qualquer obra, para fins de estudos, crítica ou polêmica, na medida justificada para o fim a atingir, indicando-se o nome do autor e a origem da obra;
IV – o apanhado de lições em estabelecimentos de ensino por aqueles a quem elas se dirigem, vedada sua publicação, integral ou parcial, sem autorização prévia e expressa de quem as ministrou;
V – a utilização de obras literárias, artísticas ou científicas, fonogramas e transmissão de rádio e televisão em estabelecimentos comerciais, exclusivamente para demonstração à clientela, desde que esses estabelecimentos comercializem os suportes ou equipamentos que permitam a sua utilização;
VI – a representação teatral e a execução musical, quando realizadas no recesso familiar ou, para fins exclusivamente didáticos, nos estabelecimentos de ensino, não havendo em qualquer caso intuito de lucro;
VII – a utilização de obras literárias, artísticas ou científicas para produzir prova judiciária ou administrativa;

VIII – a reprodução, em quaisquer obras, de pequenos trechos de obras preexistentes, de qualquer natureza, ou de obra integral, quando de artes plásticas, sempre que a reprodução em si não seja o objetivo principal da obra nova e que não prejudique a exploração normal da obra reproduzida, nem cause um prejuízo injustificado aos legítimos interesses dos autores.

Art. 47 – São livres as paráfrases e paródias que não forem verdadeiras reproduções da obra originária nem lhe implicarem descrédito.

Art. 48 – As obras situadas permanentemente em logradouros públicos podem ser representadas livremente, por meio de pinturas, desenhos, fotografias e procedimentos audiovisuais.

CAPÍTULO II

Da Comunicação ao Público

Art. 68 – Sem prévia e expressa autorização do autor ou titular, não poderão ser utilizadas obras teatrais, composições musicais ou lítero-musicais e fonogramas, em representações e execuções públicas.

§ 1º – Considera-se representação pública a utilização de obras teatrais no gênero drama, tragédia, comédia, ópera, opereta, balé, pantominas e assemelhadas, musicadas ou não, mediante a participação de artistas, remunerados ou não, locais de frequência coletiva ou pela radiodifusão, transmissão e exibição cinematográfica.

§ 2º – Considera-se execução pública a utilização de composições musicais ou lítero-musicais, mediante a participação de artistas, remunerados ou não, ou a utilização de fonogramas e obras audiovisuais, em locais de frequência coletiva, por quaisquer processos, inclusive a radiodifusão ou transmissão por qualquer modalidade, e a exibição cinematográfica.

§ 3º – Consideram-se locais de frequência coletiva os teatros, cinemas, salões de baile ou concertos, boates, bares, clubes ou associações de qualquer natureza, lojas, estabelecimentos comerciais e industriais, estádios, circos, feiras, restaurantes, hotéis, motéis, clínicas, hospitais, órgãos públicos de administração direta ou indireta, fundacionais e estaduais, meios de transporte de passageiros terrestre, marítimo, fluvial ou aéreo, ou onde quer que se representem, executem ou transmitam obras literárias, artísticas ou científicas.

§ 4º – Previamente à realização da execução pública, o empresário deverá apresentar ao escritório central, previsto no art. 99, a comprovação dos recolhimentos relativos aos direitos autorais.

§ 5º – Quando a remuneração depender da frequência do público, poderá o empresário, por convênio com o escritório central, pagar o preço após a realização da execução pública.

§ 6º – O empresário entregará ao escritório central, imediatamente após a execução pública ou transmissão, relação completa das obras e fonogramas utilizados, indicando os nomes dos respectivos autores, artistas e produtores.

§ 7º – As empresas cinematográficas e de radiodifusão manterão à imediata disposição dos interessados cópia autêntica dos contratos, ajustes ou acordos, individuais ou coletivos, autorizando e disciplinando a remuneração por execução pública das obras musicais e fonogramas contidas em seus programas ou obras audiovisuais.

Art. 69 – O autor, observados os usos locais, notificará o empresário do prazo para a representação ou execução, salvo prévia estipulação convencional.

Art. 70 – Ao autor assiste o direito de opor-se à representação ou execução que não seja suficientemente ensaiada, bem como fiscalizá-la, tendo, para isso, livre acesso durante as representações ou execuções, no local onde se realizam.

Art. 71 – O autor da obra não pode alterar-lhe a substância, sem acordo com o empresário que a fez representar.

Art. 72 – O empresário, sem licença do autor, não pode entregar a obra à pessoa estranha a representação ou a execução.

Art. 73 – Os principais intérpretes e os diretores de orquestras ou coro, escolhidos de comum acordo pelo autor e pelo produtor, não podem ser substituídos por ordem deste, sem que aquele consinta.

Art. 74 – O autor da obra teatral, ao autorizar a sua tradução ou adaptação, poderá fixar prazo para utilização dela em representações públicas.

Parágrafo único. Após o decurso do prazo a que se refere este artigo, não poderá opor-se o tradutor ou adaptador a utilização de outra tradução ou adaptação autorizada, salvo se for cópia da sua.

Art. 75 – Autorizada a representação de obra teatral feita em coautoria, não poderá qualquer dos coautores revogar a autorização dada, provocando a suspensão da temporada contratualmente ajustada.

Art. 76 – É impenhorável a parte do produto dos espetáculos reservada ao autor e aos artistas.

BIBLIOGRAFIA COMENTADA

ANA LÚCIA REZENDE e NAURO BORGES DE REZENDE. *A tevê e a criança que te vê.* São Paulo: Cortez, 1993.

O interessante da obra é o relato da experiência de leitura de desenhos animados. Além disso, no capítulo 5, os autores dão uma visão geral de todos os trabalhos feitos com a televisão nas escolas.

DENISE DA COSTA OLIVEIRA SIQUEIRA. *A ciência na televisão: mito, ritual e espetáculo.* São Paulo: Annablume, 1999.

Vale a pena dar especial atenção a dois capítulos: o primeiro que trata da sociedade, cultura e informação e o último que apresenta uma análise dos programas que pretendem tratar da ciência, dos fatos ditos importantes.

JAIME PINSKY (org.). *12 faces do preconceito.* São Paulo: Contexto, 1998.

É de especial importância o capítulo escrito por Aldaíza Sposati, em que ela enfoca os feios, sujos e malvados e dá destaque à forma como a mídia encara os tipos humanos.

Além desse capítulo, recomendamos também a leitura do capítulo "Preconceito linguístico? Tô fora!", de Marcos Bagno. Nesse capítulo, o autor aborda o fracasso das tentativas de se acabar com o preconceito linguístico, mostrando de que forma ele se manifesta.

JANE DE ALMEIDA. *Achados chistosos: da psicanálise na escrita de José Simão.* São Paulo: Editora Escuta; Educ, 1998.

Aqui, o interessante reside na análise do humor. Bibliografia difícil de ser encontrada, sobretudo dirigida a um público interessado na mídia. Vale a pena ler a obra toda. A leitura flui e é rapidamente apreendida.

JOÃO WANDERLEY GERALDI. *Linguagem e ensino: exercício de militância e divulgação.* Campinas: Mercado das Letras, 1999.

O livro todo é muito interessante, mas, para o amadurecimento das ideias apresentadas neste livro, recomendamos a leitura do capítulo "O ensino e as diferentes instâncias de uso da linguagem". O autor aborda a interlocução e conceitua as instâncias públicas e privadas.

João Wanderley Geraldi (org.). *O texto na sala de aula*. São Paulo: Ática, 1999.

É de especial interesse o capítulo que enfoca a prática da leitura na sala de aula. Aqui o foco fica dado à interlocução. Além desse capítulo, uma outra leitura interessante pode ser "Unidades básicas do ensino de português". O autor tece algumas boas propostas de se trabalhar em sala de aula. É leitura, enfim, muito recomendada.

Marcos Bagno. *A língua de Eulália: novela sociolinguística*. São Paulo: Contexto, 1999.

O romance desenreda o preconceito linguístico, bem como subsidia o leitor para a compreensão completa do que seja a origem do preconceito e dá embasamento para que essa postura diante das variações de linguagem sejam exterminadas. É obra que também pode passar pelos olhos dos alunos.

Marcos Napolitano. *Como usar a televisão na sala de aula*. São Paulo: Contexto, 1999.

Nesse livro, o capítulo 3 mostra como planejar as aulas que enfocariam a televisão. O capítulo 2 merece destaque na medida em que apresenta diversas linhas de trabalhos feitos com a televisão, dando uma visão geral sobre o que já foi estudado e analisado.

Magda Soares. *Letramento*. Belo Horizonte: Autêntica, 1999.

Nesse livro, encontra-se uma discussão sobre o conceito de letramento que consiste na capacidade de ler, na capacidade e facilidade com que se lê. É considerada uma pessoa de letramento aquela que lê textos criticamente, inclusive os que circulam socialmente. No livro, a autora faz uma excelente interpretação de uma notícia de jornal, cuja leitura recomendamos, sobretudo antes de iniciar o trabalho com jornal, no nono ano. Vale a pena!

Viviane Nogueira de Azevedo Guerra. *Violência de pais contra filhos: a tragédia revisitada.* São Paulo: Cortez, 1998.

Aqui, recomendamos a leitura da segunda parte que trata da violência doméstica enfocada na imprensa. Fica muito clara a forma como a imprensa acaba sendo parcial diante dessa realidade. Essa preciosa leitura vai da página 168 a 188.

Revista Escola, ano XIII, n. 118, dezembro de 1998, p.10-21.

Nesse exemplar, há uma longa matéria, "O poder da telinha", na qual o leitor encontra caminhos para a leitura de inúmeros programas de tevê, bem como a leitura de anúncios. Também é interessante uma apresentação de teorias sobre a televisão. Tudo isso em linguagem simples e fiel ao conhecimento.

UMA RECOMENDAÇÃO, UMA EXPLICAÇÃO

Além dessas obras, autores que abordam a teoria da comunicação, que enfocam as questões sociais na interlocução, como Umberto Eco, como Noam Chomsky, também subsidiaram nosso trabalho.

Caso seja um desejo do professor ampliar sua bagagem, recomendamos que uma de suas orientações sejam as próprias bibliografias dos livros que recomendamos.

GRÁFICA PAYM
Tel. (011) 4392-3344
paym@terra.com.br